Alles Gute

Alles Gute

Heitere Geschichten

Gesammelt von Stephan Koranyi
und Gabriele Seifert

Philipp Reclam jun. Stuttgart

Einbandgestaltung: Finken & Bumiller, Stuttgart
Satz und Druck: Reclam, Ditzingen
Buchbinderische Verarbeitung: Kösel, Krugzell
Printed in Germany 2012

ISBN 978-3-15-010851-2

www.reclam.de

Inhalt

I
Alltägliche Helden

II

Einfach zu zweit

III

In bester Gesellschaft

I

Alltägliche Helden

ERICH KÄSTNER

Das Märchen vom Glück

Siebzig war er gut und gern, der alte Mann, der mir in der verräucherten Kneipe gegenübersaß. Sein Schopf sah aus, als hätte es darauf geschneit, und die Augen blitzten wie eine blankgefegte Eisbahn. »Oh, sind die Menschen dumm«, sagte er und schüttelte den Kopf, daß ich dachte, gleich müßten Schneeflocken aus seinem Haar aufwirbeln. »Das Glück ist ja schließlich keine Dauerwurst, von der man sich täglich seine Scheibe herunterschneiden kann!«

»Stimmt«, meinte ich, »das Glück hat ganz und gar nichts Geräuchertes an sich. Obwohl ...« »Obwohl?« »Obwohl gerade Sie aussehen, als hinge bei Ihnen zu Hause der Schinken des Glücks im Rauchfang.« »Ich bin eine Ausnahme«, sagte er und trank einen Schluck. »Ich bin die Ausnahme. Ich bin nämlich der Mann, der einen Wunsch frei hat.«

Er blickte mir prüfend ins Gesicht, und dann erzählte er seine Geschichte. »Das ist lange her«, begann er und stützte den Kopf in beide Hände, »sehr lange. Vierzig Jahre. Ich war noch jung und litt am Leben wie an einer geschwollenen Backe. Da setzte sich, als ich eines Mittags verbittert auf einer grünen Parkbank hockte, ein alter Mann neben mich und sagte beiläufig: ›Also gut. Wir haben es uns überlegt. Du hast drei Wünsche frei.‹ Ich starrte in meine Zeitung und tat, als hätte ich nichts gehört. ›Wünsch dir, was du willst‹, fuhr er fort, ›die schönste Frau oder das meiste Geld oder den größten Schnurrbart – das ist deine Sache. Aber werde endlich glücklich! Deine Unzufriedenheit geht uns auf die Nerven.‹ Er sah aus wie der Weihnachtsmann in Zivil. Weißer Vollbart, rote Apfelbäckchen, Augenbrauen wie aus Christbaumwatte. Gar nichts Verrücktes. Vielleicht ein bißchen zu gutmütig. Nachdem ich ihn eingehend betrachtet hatte, starrte ich wieder in meine Zeitung. ›Obwohl es uns nichts angeht, was du mit deinen drei Wünschen machst‹, sagte er, ›wäre es natürlich kein Fehler, wenn du dir die Angelegenheit vorher genau überlegtest. Denn drei Wünsche sind nicht vier Wünsche oder fünf, sondern drei. Und wenn du hinterher noch immer neidisch und unglücklich wärst, könnten wir dir und uns nicht mehr helfen.‹ Ich weiß nicht, ob Sie sich in meine Lage versetzen können. Ich saß auf einer Bank und haderte mit Gott und der Welt. In der Ferne klingelten die Straßenbahnen. Die Wachtparade zog irgendwo mit Pauken und Trompeten zum Schloß. Und neben mir saß nun dieser alte Quatschkopf!«

»Sie wurden wütend?«

»Ich wurde wütend. Mir war zumute wie einem Kessel kurz vorm Zerplatzen. Und als er sein weißwattiertes Großvatermündchen von neuem aufmachen wollte, stieß ich zornzitternd hervor: ›Damit Sie alter Esel mich nicht länger duzen, nehme ich mir die

Freiheit, meinen ersten und innigsten Wunsch auszusprechen – scheren Sie sich zum Teufel!‹ Das war nicht fein und höflich, aber ich konnte einfach nicht anders. Es hätte mich sonst zerrissen.«

»Und?«

»Was ›Und‹?«

»War er weg?«

»Ach so! – Natürlich war er weg! Wie fortgeweht. In der gleichen Sekunde. In nichts aufgelöst. Ich guckte sogar unter die Bank. Aber dort war er auch nicht. Mir wurde ganz übel vor lauter Schreck. Die Sache mit den Wünschen schien zu stimmen! Und der erste Wunsch hatte sich bereits erfüllt! Du meine Güte! Und wenn er sich erfüllt hatte, dann war der gute, liebe, brave Großpapa, wer er nun auch sein mochte, nicht nur weg, nicht nur von meiner Bank verschwunden, nein, dann war er beim Teufel! Dann war er in der Hölle! ›Sei nicht albern‹, sagte ich zu mir selber. ›Die Hölle gibt es ja gar nicht, und den Teufel auch nicht.‹ Aber die drei Wünsche, gab's denn die? Und trotzdem war der alte Mann, kaum hatte ich's gewünscht, verschwunden ... Mir wurde heiß und kalt. Mir schlotterten die Knie. Was sollte ich machen? Der alte Mann mußte wieder her, ob's nun eine Hölle gab oder nicht. Das war ich ihm schuldig. Ich mußte meinen zweiten Wunsch dransetzen, den zweiten von dreien, o ich Ochse! Oder sollte ich ihn lassen, wo er war? Mit seinen hübschen, roten Apfelbäckchen? ›Bratapfelbäckchen‹, dachte ich schaudernd. Mir blieb keine Wahl. Ich schloß die Augen und flüsterte ängstlich: ›Ich wünsche mir, daß der alte Mann wieder neben mir sitzt!‹ Wissen Sie, ich habe mir jahrelang, bis in den Traum hinein, die bittersten Vorwürfe gemacht, daß ich den zweiten Wunsch auf diese Weise verschleudert habe, doch ich sah damals keinen Ausweg. Es gab ja auch keinen …«

»Und?«

»Was ›Und‹?«

»War er wieder da?«

»Ach so! – Natürlich war er wieder da! In der nämlichen Sekunde. Er saß wieder neben mir, als wäre er nie fortgewünscht gewesen. Das heißt, man sah's ihm schon an, daß er …, daß er irgendwo gewesen war, wo es verteufelt, ich meine, wo es sehr heiß sein mußte. O ja. Die buschigen weißen Augenbrauen waren ein bißchen verbrannt. Und der schöne Vollbart hatte auch etwas gelitten. Besonders an den Rändern. Außerdem roch's wie nach versengter Gans. Er blickte mich vorwurfsvoll an. Dann zog er ein Bartbürstchen aus der Brusttasche, putzte sich Bart und Brauen und sagte gekränkt: ›Hören Sie, junger Mann – fein war das nicht von Ihnen!‹ Ich stotterte eine Entschuldigung. Wie leid es mir täte. Ich hätte doch nicht an die drei Wünsche geglaubt. Und außerdem hätte ich immerhin versucht, den Schaden wieder gutzumachen. ›Das ist richtig‹, meinte er. ›Es wurde aber auch die höchste Zeit.‹ Dann lächelte er. Er lächelte so freundlich, daß mir fast die Tränen kamen. ›Nun haben Sie nur noch einen Wunsch frei‹, sagte er, ›den dritten. Mit ihm gehen Sie hoffentlich ein bißchen vorsichtiger um. Versprechen Sie mir das?‹ Ich nickte und schluckte. ›Ja‹, antwortete ich dann, ›aber nur, wenn Sie mich wieder duzen.‹ Da mußte er lachen. ›Gut, mein Junge‹, sagte er und gab mir die Hand. ›Leb wohl. Sei nicht allzu unglücklich. Und gib auf deinen letzten Wunsch acht.‹ – ›Ich verspreche es Ihnen‹, erwiderte ich feierlich. Doch er war schon weg. Wie fortgeblasen.«

»Und?«

»Was ›Und‹?«

»Seitdem sind Sie glücklich?«

»Ach so. – Glücklich?« Mein Nachbar stand auf, nahm Hut und Mantel vom Garderobehaken, sah mich mit seinen blitzblanken Augen an und sagte: »Den letzten Wunsch hab ich vierzig Jahre lang nicht angerührt. Manchmal war ich nahe dran. Aber nein. Wünsche sind nur gut, solange man sie noch vor sich hat. Leben Sie wohl.«

Ich sah vom Fenster aus, wie er über die Straße ging. Die Schneeflocken umtanzten ihn. Und er hatte ganz vergessen, mir zu sagen, ob wenigstens er glücklich sei. Oder hatte er mir absichtlich nicht geantwortet? Das ist natürlich auch möglich.

AXEL HACKE

Maschinenleben

Wo immer man heute anruft, spricht man erst mal mit einer Maschine. Man hört: Anrufbeantworter. Computerstimmen. Drücken Sie die 1, wenn Sie dieses wollen. Die 2, wenn Sie jenes möchten. Neulich wollte ich Kinokarten reservieren lassen, für Paola und mich. *Capote*. Der lief in einem großen Kino-Center.

Ich rief dort an. Eine Stimme kündigte an, sie werde mir zunächst alle Filme nennen, die momentan im Kino-Center liefen. Wenn ich einen Film sehen wolle, solle ich sagen »Reservieren«, wenn ich ihn nicht sehen wolle, müsse ich das Wort »Weiter« sprechen, und wenn ich doch noch den Film sehen wolle, der zuvor angekündigt worden sei, sei »Zurück« das richtige Wort.

»Deutliches Aussprechen der Schlüsselwörter!«, mahnte die Maschine. Freisprechanlage abschalten! Störgeräusche vermeiden!

»Reeserrvieren!«, murmelte ich schon mal probehalber. »Weitterr! Zurückk!«

»Nun kamen also alle Filme. Es waren viele. *Capote* kam als Letzter, natürlich. Das ist sicher Absicht. Sie nennen die interessanten Filme als Letzte. Warum? Ich weiß es nicht. Ich vermute, es hat was mit mir persönlich zu tun. Ich sagte: Weiter. Weiter. Weiter. Weiter. Weiter. Ungefähr fünf Minuten lang sagte ich nichts als: Weiter. Mitten in den Filmtitel hinein sagte ich nach einer Weile »Weiter«. Ich ließ die Maschine gar nicht mehr ausreden.

Dann kam: *Capote*. Ich merkte es erst gar nicht, sagte wieder »Weiter«, dann aber gleich »Zurück« und sofort »Reservieren«. Als Nächstes ging es um den Tag, an dem ich reservieren wollte. Dann um die Uhrzeit. Dann um die Anzahl der Karten. Und da änderte sich nun etwas. Statt »Weiter« oder »Zurück«

musste man plötzlich »Mehr« oder »Weniger« sagen, wenn die Maschine eine bestimmte Kartenzahl vorgeschlagen hatte, aber »Reservieren« galt noch. Bloß hatte ich das binnen Sekunden plötzlich vergessen, keine Ahnung, warum – ich wusste auf einmal nicht mehr, welches Wort man sagen musste, wenn die Apparat-Stimme die richtige Zahl der Karten genannt hatte. Also sagte ich, um Zeit zu gewinnen, wieder: Weiter. Weiter. Weiter. Und zwischendurch auch mal: Zurück. Zurück. Zurück. Vielleicht fiele mir, dachte ich, das Wort ja gleich wieder ein.

Aber das Wort fiel mir nicht ein. »Reservieren« – ich hatte es vergessen. Bloß wollte ich die Sache nicht wieder von vorne beginnen, ich hatte schon zehn Minuten am Telefon verbracht. Ich brabbelte weiter vor mich hin: Zurück. Weiter. Weiter. Zurück.

Bis die Kino-Centerstimme plötzlich »Eine Karte« sagte und ich »Zurück« antwortete und etwas Merkwürdiges geschah. Die Stimme sagte nämlich: »Weniger als eine Karte können Sie nicht reservieren.«

Das war erstens sehr richtig. Aber zweitens sagte das Gerät es mit einem – ich schwöre! – deutlich ironischen Unterton. Ja, mit einer gewissen Emotionalität. Einem Belustigtsein in der Stimme. Es war das erste Mal in meinem Leben, dass ich das Gefühl hatte, eine Maschine würde gleich lachen. Interessant, nicht wahr? Eine lachende, ja, losprustende Maschine. Mir fiel ein, dass schon am Anfang, als alles begann, die Stimme das Wort »Hauptmenü« auch nicht neutral ausgesprochen hatte. Sondern mit einer geradezu vibrierenden Freude. So wie einer, dessen Leibgericht

Spaghetti aglio e olio sind und der nun sehr hungrig ein Zimmer betritt, wo dampfende *Spaghetti aglio e olio* auf dem Tisch stehen, so wie dieser Mensch also »Ah, es gibt *Spaghetti aglio e olio*!« sagt beziehungsweise ausruft, so also sagte die Maschine: »Hauptmenü!« Rief es aus.

Vielleicht ist es ja auch keine Maschine, dachte ich. Vielleicht sitzen hunderte von Menschen in einem Saal und beantworten Anrufe nach diesem Schema und zwischendurch pinkeln sie in die Hosen vor Lachen. Über die Anrufer. Wie sie sich schwer tun. Wie sie Schlüsselwörter vergessen. Oder undeutlich aussprechen. Wie sie weniger als eine Karte zu reservieren versuchen.

Als ich die Karten endlich bestellt hatte und den Hörer auflegte, hörte ich hinter mir ein leises Kichern. Ich drehte mich um, ob Paola da wäre oder Luis. Oder eine emotionalisierte Maschine. Aber es war nur Bosch. Mein sehr alter Kühlschrank. Und Freund.

MARK TWAIN

Wie ein Schnupfen kuriert wird

Es ist zwar etwas Gutes, für die Unterhaltung des Publikums zu schreiben, aber etwas noch weit Höheres und Edleres ist es, wenn man zur Belehrung, zum Nutzen, zum wahren Wohl seiner Mitmenschen schreibt – und das ist der einzige Zweck der folgenden Abhandlung. Wenn es mir gelänge, dadurch auch nur einem Leidenden wieder zur Gesundheit zu verhelfen, das Feuer der Hoffnung und Freude in seinem matten Blick aufs Neue zu entzünden und seinem erstorbenen Herzen den raschen, fröhlichen Pulsschlag vergangener Tage zurückzugeben, so wäre mir alle Mühe reichlich vergolten, und jene heilige Wonne würde meine Seele durchströmen, welche der Christ fühlt, wenn er eine gute, selbstlose Tat vollbracht hat.

Da ich stets ein untadeliges Leben geführt habe, bin ich berechtigt zu glauben, dass niemand, der mich kennt, aus Furcht, ich hätte die Absicht, ihn zu täuschen, meine Ratschläge zurückweisen wird. Möge das Publikum sich die Ehre antun, meine hier niedergelegten Erfahrungen bei Behandlung eines Schnupfens zu lesen – und dann meinem Beispiel folgen.

Als das weiße Haus in Virginia-City abbrannte, verlor ich meine Häuslichkeit, meine Behaglichkeit, meine Gesundheit und meinen Koffer. Der Verlust der beiden erstgenannten Artikel war leicht zu verschmerzen; denn eine Häuslichkeit ohne eine Mutter, eine Schwester oder eine entfernte junge Verwandte, welche uns die schmutzige Wäsche wegräumt, unsere Stiefel vom Kaminsims herunternimmt und uns so daran erinnert, dass jemand an uns denkt und für uns sorgt, ist nicht schwer zu finden. Und was meine Behaglichkeit betrifft, so war ich ja kein Dichter und brauchte der Schwermut über ihren Verlust nicht lange nachzuhängen. Aber eine gute Gesundheit zu verlieren und einen noch besseren Koffer, das waren ernstliche Unglücksfälle. Am Tage der Feuersbrunst zog ich mir nämlich infolge der übergroßen Anstrengung, mit welcher ich mich anschickte etwas zu tun, eine starke Erkältung zu.

Als ich das erste Mal zu niesen begann, riet mir ein Freund, ein warmes Fußbad zu nehmen und dann zu Bette zu gehen. Das tat ich. Gleich darauf meinte ein zweiter, ich solle aufstehen und ein kaltes Sturzbad nehmen. Eine Stunde später versicherte mir ein dritter, man müsse einen ›Schnupfen füttern und ein Fieber aushungern‹. Ich litt an beiden und hielt es daher für das Beste, mich des Schnupfens wegen voll und satt zu essen, dann Hausarrest zu nehmen und das Fieber eine Weile hungern zu lassen.

Bei halben Maßregeln lasse ich es in solchem Falle nie bewenden. Ich aß also nach Herzenslust und wendete meine Kundschaft einem Fremden zu, der an jenem Morgen gerade sein Speisehaus eröffnete hatte. Er stand in ehrerbietigem Schweigen dabei, bis ich meinen Schnupfen genug gefüttert hatte, und fragte dann, ob die Leute in Virginia-City häufig vom Schnupfen befallen würden. Als ich erwiderte, das könne wohl möglich sein, ging er hinaus und nahm sein Wirtshausschild ab.

Ich begab mich nun nach dem Büro und begegnete unterwegs abermals einem vertrauten Freunde, der mir sagte, dass es auf der Welt nichts Wirksameres gäbe, um sich vom Schnupfen zu kurieren, als wenn man ein Quart warmes Salzwasser tränke. Ich zweifelte stark, dass ich noch Platz dafür haben könne, aber versuchen wollte ich es jedenfalls. Der Erfolg war überraschend. Mir war, als hätte ich meine unsterbliche Seele von mir gegeben.

Da ich meine Erfahrungen nur zum Nutzen derjenigen niederschreibe, welche von demselben Übel befallen sind wie ich, halte ich es für angemessen, sie vor den Mitteln zu warnen, die sich bei mir als unwirksam erwiesen haben. Aus vollster Überzeugung muss ich ihnen daher raten, sich vor warmem Salzwasser zu hüten. Wenn ich wieder den Schnupfen hätte und mir nur die Wahl bliebe, meine Zuflucht zu einem Erdbeben oder einem Quart Salzwasser zu nehmen, so würde ich mein Heil mit dem Erdbeben versuchen.

Nachdem der Sturm, der in meinem Innern wütete, sich etwas gelegt hatte und da zufällig kein guter Samariter mehr bei der Hand war, borgte ich mir wieder Taschentücher und zerschneuzte sie zu Atomen, wie ich es in den ersten Stadien meines Schnupfens getan hatte. Dies trieb ich so lange, bis ich einer Dame begegnete, die eben von jenseits der Prärie herkam. Sie hatte in einer Gegend gelebt, wo Mangel an Ärzten war, und sagte, die Not habe sie gelehrt, einfache Alltagskrankheiten mit vielem Geschick zu behandeln. Ich war überzeugt, dass sie eine lange Erfahrung hinter sich haben müsse, denn sie sah aus, als sei sie hundertfünfzig Jahre alt.

Sie mischte einen Trank aus Sirup, Scheidewasser, Terpentin und allerlei Kräutern zusammen und gab mir die Anweisung, alle Viertelstunden ein Weinglas voll davon zu nehmen. Ich ließ es jedoch bei der ersten Dosis bewenden; sie reichte hin, um mich aller moralischen Grundsätze zu berauben und die unwürdigsten Triebe in mir wachzurufen. Unter ihrem bösartigen Einfluss wälzte ich in meinem Hirn die ungeheuerlichsten und niederträchtigsten Pläne und Entwürfe, aber meine Hand war damals zu schwach, sie auszuführen. Hätten nicht die unfehlbaren Heilmittel für den Schnupfen durch wiederholte Angriffe meine Kräfte völlig erschöpft, ich wäre wahrlich imstande gewesen auf Leichenraub auszugehen.

Wie die meisten andern Leute habe ich zuweilen gemeine Regungen und handle darnach: aber bis zu einem solchen Grade von Ruchlosigkeit hatte ich es noch nie gebracht, bevor ich jene Arznei einnahm, und obendrein war ich noch stolz darauf. Nach Verlauf von zwei Tagen war ich wieder so weit, aufs Neue an mir herumdoktern zu können. Ich wandte noch mehrere untrügliche Mittel an und trieb mir schließlich die Erkältung aus dem Kopf in die Lunge.

Nun bekam ich fortwährend Hustenanfälle, und meine Stimme sank unter den Nullpunkt. Ich sprach mit den Leuten in einem grollenden Bass, zwei Oktaven unter meinem gewöhnlichen Tonfall. Eine regelmäßige Nachtruhe konnte ich nur dadurch erlangen, dass ich mich in einen Zustand gänzlicher Erschöpfung hineinhustete; sobald ich aber im Schlaf zu sprechen anfing, weckte mich der Misslaut meiner Stimme wieder auf.

Mein Fall verschlimmerte sich von Tag zu Tag. Man empfahl mir Wachholderschnaps. Den trank ich. Dann Schnaps mit Sirup. Ich trank auch den. Ferner Schnaps mit Zwiebeln. Die tat ich dazu und schluckte alle drei zusammen, jedoch ohne besonderes Ergebnis.

Ich sah mich jetzt genötigt, meiner Gesundheit durch Luftveränderung wieder aufzuhelfen, und reiste mit meinem Kollegen, dem Zeitungsreporter Wilson, nach dem Bigler-See. Nicht ohne eine gewisse Befriedigung denke ich daran, dass wir auf ganz vornehme Weise reisten, wir benutzten nämlich die Pionierpost, und mein Freund nahm sein ganzes Gepäck mit, welches aus zwei prachtvollen seidenen Halstüchern und dem Daguerrebild seiner Großmutter bestand. Dort machten wir den Tag über Segelfahrten, gingen auf die Jagd, auf den Fischfang und zum Tanz, und die Nacht hindurch kurierte ich meine Erkältung. Durch diese Einrichtung gelang es mir, jede von den vierundzwanzig Stunden nutzbringend zu verwenden. Aber mein Übel wurde nur immer schlimmer.

Man riet mir nun zu einer nassen Wickelung. Bisher hatte ich kein einziges Heilmittel zurückgewiesen, und es schien Torheit, jetzt noch damit anzufangen. So beschloss ich denn die Wickelung zu versuchen, obwohl ich keine Ahnung hatte, was das eigentlich für eine Veranstaltung sei. Sie wurde um Mitternacht vorgenommen, und das Wasser war brennend kalt. Ein Leintuch, das mindestens tausend Meter lang zu sein schien, wurde in Eiswasser getaucht und mir um Brust und Rücken gewickelt, bis ich aussah wie der Wischer für eine der neuen Riesenkanonen.

Es ist ein grausames Verfahren. Wenn der kalte Lappen das warme Fleisch berührt, fährt man vor Schrecken zusammen und schnappt nach Atem wie ein Mensch in der Todesnot. Mir erfror das Mark in den Knochen und mein Herzschlag schien stillzustehen. Ich glaube, mein letztes Stündlein sei gekommen.

Ich warne hiermit jedermann vor kalten Wickelungen. Es gibt nichts Unbehaglicheres in der Welt – außer vielleicht einer Dame unserer Bekanntschaft zu begegnen, die aus Gründen, die sie selbst am besten weiß, über uns hinwegsieht, oder, wenn sie uns wirklich ansieht, uns nicht kennt.

Aber, was ich noch sagen wollte – als mein Schnupfen nach der Wickelung nicht kuriert war, empfahl mir eine befreundete Dame ein Senfpflaster auf die Brust zu legen. Das hätte mich, glaube ich, auch wirklich geheilt, wäre der junge Wilson nicht gewesen. Beim Zubettgehen legte ich mir das Senfpflaster, das ganz großartig war – es maß achtzehn Zoll im Viereck –, bequem zur Hand, wo ich es erreichen konnte. Aber Wilson bekam in der Nacht Hunger und – den Rest kann sich der Leser selber denken.

Nach einem achttägigen Aufenthalt am Bigler-See ging ich nach Steamboat-Springs, wo ich Dampfbäder nahm und noch eine Masse der erbärmlichsten Arzneien zu schlucken bekam, die je zusammengebraut worden sind. Sie würden mich ganz hergestellt haben, aber ich musste nach Virginia-City zurückkehren, wo ich es trotz der verschiedenartigsten Heilmittel, die ich jeden Tag verschlang, möglich machte, meine Krankheit durch Vernachlässigung und Ausgehen bei kalter Witterung sehr zu verschlimmern.

Endlich beschloss ich nach San Francisco zu reisen. Am ersten Tag nach meiner Ankunft daselbst sagte mir eine Dame im Gasthaus, ich solle alle vierundzwanzig Stunden ein Quart Whisky trinken, und ein

Freund, der in der Stadt wohnte, gab mir denselben Rat. Das machte also zusammen zwei Quart oder eine halbe Gallone. So viel trank ich und bin noch am Leben.

In obigem habe ich mit der allerbesten Absicht von der Welt das mannigfaltige Heilverfahren geschildert, welches ich kürzlich zur Kur meines Schnupfens durchzumachen hatte. Ich empfehle es besonders allen, die an der Schwindsucht leiden. Wenn sie einen Versuch damit anstellen und nicht gesund werden, so kann es sie höchstens umbringen.

DILEK GÜNGÖR

Tadellos

Ich will indisch kochen, merke aber zu Hause erst, dass ich den Ingwer entweder im Einkaufskorb, im Supermarkt oder an der Kasse vergessen haben muss. Ohne Ingwer geht es nicht, also muss ich noch mal los. »Ich geh schnell in den Supermarkt, braucht ihr irgendetwas«, rufe ich ins Wohnzimmer. Dort sitzen Tante Hatice und meine Mutter, die eine lackiert sich die Zehennägel, die andere massiert sich Melkfett in die Hände. »Ja, ich brauche was«, ruft Tante Hatice zurück und hebt ihre fettigen Hände in die Höhe. »Ich komme mit. Aber warte einen Moment, das muss erst einziehen.« Vorsichtig schiebt sie ihre Hände in dünne, weiße Baumwollhandschuhe.

»Tante Hatice, das dauert mir zu lange, ich bring dir mit, was du brauchst.« Sie überlegt, dann sagt sie: »Nein, das findest du nicht, das ist zu kompliziert und in unserem Supermarkt auch oft falsch einsortiert.« Ich fragte mich, was sie wohl haben will. »Was brauchst du denn?« Tante Hatice sucht nach dem richtigen Wort. »Nisasta, ich weiß nicht, wie das auf Deutsch heißt.« Meine Mutter schraubt ihr Nagellackfläschchen zu und sagt »Stärkemehl«. Tante Hatice schüttelt den Kopf. »Nein, das ist nicht das Gleiche.« Sie zieht die Handschuhe wieder ab und reibt den Rest des Melkfetts in ein Papiertaschentuch, sammelt die Handschuhe, das zusammengeknüllte Taschentuch, die Dose Melkfett und ihren anderen Krimskram ein. »Ich räume das nur schnell weg.«

Ich setze mich auf den Rand der Kommode im Flur. »Beeil dich aber«, rufe ich ins Bad. Ich höre, wie von innen abgeschlossen wird. Sicher muss sie erst noch aufs Klo. Zehn Minuten später klopfe ich an die Tür. »Bist du fertig? Ich will los.« Aus dem Bad kommt ein gedämpftes »Sofort, ich mach mir nur schnell die Haare.« Ich seufze. »Du brauchst deine Haare nicht zu machen, wir gehen nur in den Supermarkt und nicht zu einem Rendezvous.« Tante Hatice öffnet die Tür, aber statt herauszukommen, geht sie zurück zum Spiegel. »Ein bisschen Haarspray, dann bin ich so weit.« Sie beugt sich näher an den Spiegel, streicht mit den Fingern über ihre Wangen und sagt: »Irgendetwas bekommt mir nicht, schau, ich habe einen richtigen Ausschlag. Ob das eine Allergie ist?«

Ich gehe zu ihr und schaue mir ihre Haut an. Ich

kann nichts sehen, alles sieht aus wie immer. »Tante Hatice, das ist nichts, komm jetzt.« Sie nimmt die Dose Haarspray von der Ablage und sprüht sich großzügig ein. »So, jetzt können wir gehen«, sage ich und bin froh, dass sie endlich so weit ist. »Ja, auf geht's«, sagt Tante Hatice. Im Flur haben wir noch einen Spiegel, in dem kann man sich von oben bis unten betrachten. Tante Hatice bringt ihren Rock in Ordnung, zieht ihre Bluse stramm über den Busen und klopft sich Fusseln von der Schulter. »Mann, Tante Hatice, wir wollen nur Stärkemehl und eine Knolle Ingwer kaufen.«

Ich verliere langsam die Geduld. »Mein Mädchen«, sagt sie ermahnend. »Man geht nicht aus dem Haus, als sei man auf der Flucht. Was, wenn wir jemandem begegnen, den wir kennen? Was sollen die Leute denken, wenn wir so schlampig aus dem Haus gehen? Meinst du, die tuscheln dann nicht über uns? Meinst du, die sagen dann nicht ›Hast du die Güngörs gesehen, was sind das für ungepflegte Leute?‹« Sie nimmt ihre Jacke vom Haken, schlüpft in ihre Schuhe. »Stell dir vor, wir werden unterwegs von einem Auto angefahren, stell dir vor, wir haben einen Unfall und müssen ins Krankenhaus. Denken die Ärzte und Schwestern da nicht, wie laufen denn die herum?«

Ich fragte mich, ob sie jetzt den Verstand verloren hat. »Man muss tadellos gekleidet sein, bis auf die Unterwäsche, wenn man das Haus verlässt. Hat dir das deine Mutter nicht beigebracht?« Sie wirft noch mal einen Blick in den Spiegel. »Tante Hatice, ich warte schon fast eine halbe Stunde auf dich. Das Essen muss noch 45 Minuten kochen und um acht kommt schon Angelika.« Tante Hatice hat endlich ihre Tasche in der Hand. Wir können los. Beim Hinausgehen nehme ich schnell meine Jacke vom Haken. Als ich den Schlüssel in die Jackentasche stecken will, fühle ich eine Knolle Ingwer.

PETER FRANKENFELD

Baumann hat angerufen

Um acht Uhr zehn entstieg Fürbringer, Prokurist bei Weigel und Co., dem Wagen der Firma, schritt durch den Eingang seiner Filiale, grüßte nach links und rechts den Pförtner und Frau Liesegang, die er immer wieder mit Fräulein Schütz verwechselte, sprang in den Paternoster und landete drei Etagen höher vor seinem Zimmer 106 mit dem Schild: ANMELDUNG ZIMMER 105. Die Fenster seines Büros standen offen. Es war kühl, und noch ehe er den Mantel auszog, räusperte er sich kräftig und rief nach Fräulein Kühn.

»Guten Morgen, Herr Fürbringer«, sagte Fräulein Kühn, als sie die Verbindungstür zum Sekretariat öffnete.

»Morg'n.« Fürbringer sah die kleine Kühn etwas ungehalten an: »Machen Sie mal die Fenster zu – alle beide.«

Fräulein Kühn schloß und verriegelte die Fenster

mit der Geschäftigkeit einer Frühaufsteherin, die schon seit 7.30 Uhr im Büro gesessen hatte. »Herr Baumann hat angerufen«, sagte sie.

»Baumann? Wer ist Baumann?«

»Herr Baumann von der Firma Scherzer. Sie möchten ihn anrufen, es wäre dringend.«

»Soso, aha – na, dann verbinden Sie mich mal mit der Firma Scherzer.«

Fürbringer gähnte. Er versuchte sich zu erinnern, wer am vergangenen Abend die letzte Lage bezahlt hatte, Meissner oder er – schließlich war es Meissner gewesen, der zur letzten Runde aufgefordert hatte. Das Telefon tat sein erstes Klingelzeichen an diesem Morgen. Fürbringer nahm den Hörer ab: »Fürbringer.«

»Scherzer.«

»Mit wem spreche ich?«

»Hier ist die Firma Scherzer.«

»Wer spricht denn dort?«

»Die Buchhaltung – Frau Binder.«

»Ach so – äh – Frau Binder, ich wollte Herrn – Ihren Herrn Baumann sprechen.«

»Herr Baumann? Der war gerade in der Versand-Abteilung – ich verbinde Sie.«

Herr Fürbringer wartet ergeben zwanzig Sekunden.

»Versand-Abteilung!«

»Herrn Baumann.«

»Einen Moment bitte.«

Herr Fürbringer, Hauptmann a. D., trommelt leicht irritiert mit den Fingerspitzen auf die Schreibtischplatte; gelegentlich beantwortet er undefinierbare Geräusche aus der Hörmuschel mit einem halblauten »Hallo!«. Nach zwanzig Minuten nimmt dieselbe Stimme aus der Versand-Abteilung die Unterhaltung auf: »Hallo! – Wer ist dort?«

»Hier ist Fürbringer.«

»Ja – wen wollten Sie sprechen?«

»Herrn Baumann.«

»Frau Bauer?«

»Herrn Baumann.«

»Herr Baumann ist nicht hier, da müssen Sie das Büro verlangen. Ich lege Sie um zur Zentrale.«

»Zentrale.«

»Fräulein, bitte geben Sie mir Herrn Baumann.«

»Ich verbinde.«

»Danke.« Die folgenden Sekunden verbringt Fürbringer damit, den Briefbeschwerer von links nach rechts zu drehen, gedankenlos im Kalender zu blättern – er sieht aus dem Fenster in die grauen Regenwolken und dreht den Briefbeschwerer wieder nach links.

»Hallo!«

»Hallo!«

»Hören Sie noch? Auf der Leitung wird gerade gesprochen. Ich gebe Ihnen inzwischen das Vorzimmer von Herrn Baumann.«

»Ich bitte darum.«

Herr Fürbringer wippt nervös mit dem rechten Fuß und pfeift irgendeine Tonfolge im Rhythmus dazu. Sein Interesse an diesem Gespräch macht einem Gefühl ansteigender Wut Platz. Seine Meditationen über die Unzulänglichkeit des Telefons werden von einer frischen Stimme unterbrochen:

»Hallo! – Wer ist dort bitte?«

»Hier ist Fürbringer. Fräulein – ich wollte Herrn Baumann sprechen!«

»In welcher Angelegenheit bitte?«

Fürbringer wird ungehalten. »Fräulein, hier ist die Firma Weigel und Co., mein Name ist Fürbringer, und ich möchte Herrn Baumann persönlich sprechen! Haben Sie mich verstanden?«

»Ach – Herr Fürbringer selbst – verzeihen Sie bitte.«

»Schon gut, schon gut.«

»Einen Augenblick bitte.«

»Bitte!«

»Verzeihung – von welcher Firma bitte?«

Hier hält es den Hauptmann a. D. nicht mehr – er wird handfest. Vernehmlich und akzentuiert brüllt er ins Telefon: »Von der Firma Weigel und Co.!«

Gespannt wartet er die Wirkung dieses Ausbruchs ab, aber nichts geschieht – nichts. Nach weiteren zehn Sekunden zirpt eine hauchdünne Stimme durch die Leitung: »Hier ist die Zentrale. Sprechen Sie noch?«

Fürbringer stöhnt auf, er bebt und neigt sich langsam, wie ein Baum, der angeschlagen wurde, auf die Schreibtischplatte: »Ich möchte Herrn Baumann sprechen – bitte!!«

»Ich verbinde – die Leitung ist jetzt frei.«

»Baumann. – Wer ist dort bitte?«

Über Fürbringers kantiges Gesicht gleitet ein Lächeln: »Hier ist Fürbringer, Herr Baumann. Sie hatten heute früh bei uns angerufen, wie mir meine Sekretärin sagte, und ich …«

»Verzeihung«, unterbricht Baumann liebenswürdig, »das war sicher mein Bruder. Er ist leider vor zwanzig Minuten aus dem Haus gegangen und … hallo – hallo?«

Herr Baumann hört nichts mehr, bekommt keine Antwort, alles ist still in der Leitung – also legt auch er den Hörer auf.

Der Prokurist Fürbringer stemmt sich mit einem Ruck aus seinem Schreibtischsessel, schreitet zur Tür, hinter der das dünne Fräulein Kühn über die Maschine gebeugt sitzt, holt tief Luft für den Vortrag, den er jetzt halten wird: »Fräulein Kühn«, beginnt er – und hält inne, denn Fräulein Kühn sieht ihn gewinnend an und weist auf den Besucherstuhl: »Da ist Herr Baumann – er wartet schon seit zwanzig Minuten auf Sie.«

PAUL MAAR

Eine gemütliche Wohnung

Wenn man heutzutage einen Handwerker bestellt, weil irgend etwas in der Wohnung repariert werden soll, muß man meistens sehr lange herumtelefonieren, bis man einen findet, der Zeit hat zu kommen.

Das habe ich gemerkt, als neulich unser Kühlschrank nicht mehr ging.

Ich rief bei drei Elektrikern an. Der erste sagte, er

habe überhaupt keine Zeit. Der zweite wollte mich überreden, doch lieber gleich einen neuen Kühlschrank zu kaufen. Der dritte versprach, bei uns vorbeizuschauen, wenn er mal in unsere Gegend käme. Leider schien er sehr selten in unsre Gegend zu kommen. Nach zwei Wochen lief der Kühlschrank immer noch nicht. (Nur die Butter fing an zu laufen, denn es war gerade ziemlich heiß.) Deswegen versuchte ich noch einmal mein Glück und rief bei einem vierten an. Er hieß E. Knorps und versprach zu meinem Erstaunen, gleich am nächsten Tag zu kommen.

Am nächsten Tag, als ich gerade mit meinen Kindern beim Mittagessen saß, klingelte es. Herr Knorps stand draußen. Er war ein ungemein freundlicher Mann. Er stellte seine beiden Werkzeugkästen, den Werkzeugkoffer und die drei Werkzeugtaschen in die Küche, setzte sich zu uns an den Mittagstisch und ließ sich den Spinat schmecken. Dann machte er sich an die Arbeit.

Ich hätte nie gedacht, daß so viele Kabel, Sicherungen und Widerstände in einem einzigen Kühlschrank stecken. Mir wurde richtig schwindelig von den vielen Drähtchen, die er da herauszog, deswegen sagte ich ihm: »Rufen Sie mich halt, wenn Sie fertig sind!«, und ging in mein Zimmer.

Gegen Abend, als meine Frau von der Arbeit heimkam, war Herr Knorps fertig und führte uns stolz den Kühlschrank vor. Er steckte den Stecker in die Steckdose, und der Kühlschrank fing wieder an zu surren.

Meine Frau öffnete die Tür und faßte ins Tiefkühlfach.

»Au!« schrie sie und zog ihre Hand schnell zurück.

»Schon so kalt?« fragte ich erstaunt.

»Nein, so heiß«, rief sie.

»Heiß?« fragte ich und faßte auch in den Kühlschrank. Er strahlte eine gewaltige Hitze aus.

»Moment, Moment!« sagte Herr Knorps eifrig, schob uns beiseite, kniete sich vor den Elektroherd, der neben unserem Kühlschrank steht, und öffnete die Tür zur Bratröhre.

»Habe ich mir doch gedacht«, sagte er triumphierend und zeigte auf die Eisschicht, die sich im Herd gebildet hatte. Zögernd steckte ich die Hand hinein. Die Bratröhre war so kalt, daß ich sie kaum anfassen konnte.

»Eine kleine Verwechslung!« entschuldigte sich Herr Knorps. »Ich scheine da zwei Drähte vertauscht zu haben. Für heute muß ich leider Schluß machen. Feierabend! Aber morgen werde ich die Sache schon in Ordnung bringen.«

Wir zogen den Kühlschrankstecker aus der Steckdose und räumten die Butter und die Wurst in den Herd. Damit sie bis zum nächsten Tag kühl standen.

Am Tag darauf kam Herr Knorps gleich nach dem Frühstück und machte sich sofort an die Arbeit.

Als er am Abend fertig war, kühlte der Kühlschrank wieder und der Elektroherd heizte.

Leider war ich immer noch nicht ganz zufrieden. Es zeigte sich nämlich, daß jetzt aus dem Elektroherd laute Musik ertönte, wenn man ihn anstellte. Unser Radio hingegen gab keinen Ton mehr von sich.

Im Grund genommen ist es mir ja gleich, ob die

Musik aus einem Radio, einem Kühlschrank oder einem Herd kommt. Hauptsache, sie ist laut. Aber ich konnte bei unserem Elektroherd keinen anderen Sender einstellen, sosehr ich auch an allen Knöpfen drehte. Und das störte mich.

So ließ ich Herrn Knorps am nächsten Tag noch einmal kommen. Ich muß ihm wirklich bestätigen, daß er sich alle Mühe gab. Er kam im ersten Morgengrauen und arbeitete fast ohne Pause.

Am Abend, als meine Frau heimkam, führte er uns das Radio vor: Es spielte wieder, und wir bekamen sogar zwei Sender herein, die vorher noch nie ein Mensch gehört hatte.

Aber ein kleiner Fehler war ihm doch wieder unterlaufen. Er mußte wieder irgendein Drähtchen verwechselt haben. Jedenfalls ging jetzt das Licht aus, wenn ich den Telefonhörer abnahm. Und wenn jemand draußen auf den Klingelknopf drückte, fing drinnen unsere Spülmaschine an zu laufen.

Herr Knorps entschuldigte sich und versprach, gleich am nächsten Tag die Sache zu richten.

Die Folge war, daß am nächsten Abend nun der Küchenmixer Musik machte, die Spülmaschine kühlte und Wasser aus der Uhr kam, wenn jemand auf den Fahrstuhlknopf drückte.

Und Herr Knorps mußte am nächsten Tag wiederkommen.

Inzwischen haben wir uns an Herrn Knorps gewöhnt. Er kommt jeden Tag und repariert etwas anderes.

Wir sind schon richtig befreundet und verbringen

immer häufiger unsere Abende zusammen und spielen Karten oder »Mensch ärgere dich nicht«.

Ein gemütlicher Abend bei uns zu Hause sieht zur Zeit etwa so aus:

Nach dem Abendessen, wenn wir das schmutzige Geschirr zum Saubermachen in den Herd geschoben haben, läutet es zweimal in der Spülmaschine. (Herr Knorps pflegt immer zweimal zu klingeln.) Wir begrüßen Herrn Knorps, holen uns ein kühles Bier aus dem Fahrstuhl und spielen, bis der Müllschlucker zwölf Uhr schlägt. Dann machen wir langsam Schluß. Schließlich muß Herr Knorps am nächsten Tag früh aus dem Bett, um all seine Reparaturen zu schaffen.

Er verabschiedet sich, steigt in den Kühlschrank und fährt nach unten. Meine Frau stellt dann noch den großen Zeiger der Uhr auf sieben, damit im Treppenhaus das Licht ausgeht, und meist sitzen wir noch ein bißchen beieinander, um der Musik im Staubsauger zuzuhören.

Unsere Wohnung ist vielleicht ein wenig ungewöhnlich jetzt. Aber wir finden sie sehr, sehr gemütlich.

HEINRICH VON KLEIST

Charité-Vorfall

Der von einem Kutscher kürzlich übergefahrne Mann, namens Beyer, hat bereits dreimal in seinem Leben ein ähnliches Schicksal gehabt; dergestalt, daß bei der Untersuchung, die der Geheimerat Herr K. in der Charité mit ihm vornahm, die lächerlichsten Mißverständnisse vorfielen. Der Geheimerat, der zuvörderst seine beiden Beine, welche krumm und schief und mit Blut bedeckt waren, bemerkte, fragte ihn: ob er an diesen Gliedern verletzt wäre? worauf der Mann jedoch erwiderte: nein! die Beine wären ihm schon vor fünf Jahr, durch einen andern Doktor, abgefahren worden. Hierauf bemerkte ein Arzt, der dem Geheimenrat zur Seite stand, daß sein linkes Auge geplatzt war; als man ihn jedoch fragte: ob ihn das Rad hier getroffen hätte? antwortete er: nein! das Auge hätte ihm ein Doktor bereits vor vierzehn Jahren ausgefahren. Endlich, zum Erstaunen aller Anwesenden, fand sich, daß ihm die linke Rippenhälfte, in jämmerlicher Verstümmelung, ganz auf den Rücken gedreht war; als aber der Geheimerat ihn fragte: ob ihn des Doktors Wagen hier beschädigt hätte? antwortete er: nein! die Rippen wären ihm schon vor sieben Jahren durch einen Doktorwagen zusammen gefahren worden. – Bis sich endlich zeigte, daß ihm durch die letztere Überfahrt der linke Ohrknorpel ins Gehörorgan hineingefahren war. – Der Berichterstatter hat den Mann selbst über diesen Vorfall vernommen, und selbst die Todkranken, die in dem Saale auf den Betten herumlagen, mußten, über die spaßhafte und indolente Weise, wie er dies vorbrachte, lachen. – Übrigens bessert er sich; und falls er sich vor den Doktoren, wenn er auf der Straße geht, in acht nimmt, kann er noch lange leben.

GODFRIED BOMANS

Nichts

Der König wandelte durch seinen Garten. Es war Mitte Mai. Die Sonne schien, die Springbrunnen sprudelten funkelnd in die Höhe, und Goldfische, so groß wie Delphine, schossen durch das kristallklare Wasser. Im Pavillon spielte ein Orchester, und sieben Tänzerinnen tanzten um das Rosenbeet. Überall standen Zauberer, die zauberten, und auf dem mittleren Weg war ein Bauchredner und redete Bauch. Der König gähnte. »Wenn doch nur einmal etwas geschehen würde«, sagte er, »man kann sich hier glatt zu Tode langweilen.« Aber er wusste nicht, was geschehen sollte, denn alles, was er sich nur denken konnte, geschah bereits. Da rief er seinen Minister für Unterhaltung und Vergnügen und sagte: »Denk dir etwas Neues aus, bitte.«

»Ein Feuerwerk«, sprach der Minister.

Sogleich stiegen Raketen, Pfeile und Feuerkugeln auf, und zum Schluss flog der ganze Palast in die Luft.

»Langweilig«, sagte der König, als es vorbei war, »kannst du dir nichts Lustiges ausdenken?«

»Ein Zirkus«, sagte der Minister.

Und der Zirkus kam. Da war ein Dromedar, das Flöte spielte, und da waren sechs Elefanten, die etwas taten, was Elefanten sonst niemals tun, und da war ein geflecktes Tier, das konnte ›danke schön‹ sagen. Der König saß in der ersten Reihe und gähnte so sehr, dass ihm Tränen in die Augen traten. »Das hätten wir also auch hinter uns«, sagte er, als es vorbei war, »kannst du dir denn nichts ausdenken, wovon du selbst meinst: Das ist *wirklich* verrückt?«

»Ich selbst«, sagte der Minister. Und er zog den Rock aus, ging auf den Rasen und stellte sich auf den Kopf. Dabei drehte er sich wie ein Kreisel und summte ein Lied.

»Abgeschmackt«, sagte der König, als es vorbei war, »ich will etwas Kostbares sehen. Ein Haus aus Glas, mit Fenstern aus Diamanten. Und wenn es fertig ist, will ich es mit dem Stock kaputtschlagen.«

Da wurde das Haus gebaut. Alles: die Tische, die Stühle, die Kissen, die Betten und die Kohlen im Keller waren aus Glas, und die diamantenen Fenster funkelten wie Diamanten. Und als es fertig war, ging der König darin umher und zerschlug alles mit einem Stock. Die Scherben flogen ihm um den Kopf, und seine Ohren waren voller Splitter. Doch als alles kaputt war und er etwas Neues ersinnen wollte, sagte der Minister: »Halt, wir haben kein Geld mehr.«

»Dann verkaufe den Palast«, antwortete der König.

»Der Palast ist in die Luft geflogen.«

»Dann will ich noch einmal den Brummkreisel sehen«, sagte der König, »denn der war noch am lustigsten.«

»Hol ihn dir selbst«, sagte der Minister und ging weg.

Da begriff der König, dass er arm war. Und er nahm seinen Stock und zog in die Welt. Er begegnete vielen Menschen, und alle bat er um Arbeit und Brot.

Doch die Menschen fragten: »Was kannst du?« Und er antwortete: »Nichts.« Da fragten sie: »Was hast du denn früher getan?«, und er antwortete wieder: »Nichts, gar nichts.« Die Leute zuckten mit den Achseln und gingen weiter.

Eines Tages begab es sich, dass er müde und hungrig an einer Wiese vorbeikam, auf der ein Mann auf dem Rücken lag und in den Himmel schaute. »Was tust du da?«, fragte der König neugierig.

»Nichts«, sagte der Mann, »gar nichts.«

»So«, sprach der König, »das tue ich schon seit zwanzig Jahren.«

»Und ich seit zwanzig Minuten«, sagte der Mann, »doch es wird mir auch schon recht langweilig.«

Er stand auf und begann zu mähen. Und der König mähte mit ihm. Als es Abend geworden war, legten sie sich auf die Garbenbündel und sahen zu den Sternen.

So taten sie viele Wochen.

Dann kehrte der König mit verjüngtem Gemüt in sein Königreich zurück. Er blickte über die Mauer in den Palastgarten und sah, dass nun vierzehn Tänzerinnen um das Rosenbeet tanzten. Da liefen gefleckte Tiere herum, die nicht nur ›danke schön‹ sagen konnten, sondern auch ›rechts halten‹ und ›auf Wiedersehen‹, und die Sonne stand neben dem Feuerwerk wie eine bleiche Kugel am Himmel. Der neue König aber sah von seinem Stuhl aus zu und gähnte.

»Höre auf mich!«, rief der ehemalige König. »Geh arbeiten! Arbeite den ganzen Tag und ruhe des Abends. Dann erst wirst du verstehen, was es heißt, zehn Minuten nichts zu tun. Es ist der Himmel auf Erden, das Paradies der Paradiese!«

Der neue König hob den Kopf und gähnte.

»Jagt diesen Landstreicher weg«, sagte er, »denn auch er langweilt mich.«

FRANZ SCHUH

Die Dame mit dem Tablett

Ein Schauspieler des Burgtheaters hält eine Lesung in der Provinz. »Wir sind so froh, und es ist so selten, daß wir einen Mann von Ihrer Bedeutung hier haben.« Der Schauspieler muß sich das anhören, und sein Antlitz spiegelt virtuos ironischen Widerwillen. Die Leute im Saal lachen ihren Stellvertreter, den Einleiter und Vorsteller, nicht unfreundlich aus; sie sind nur ganz auf der Seite des Schauspielers und begrüßen auch dessen ironischen Widerwillen. Der Schauspieler konzentriert sich. Seine Konzentration ist zugleich das Signal für das Publikum, ruhig zu werden. Zu lesen ist ein sehr schwieriger Text, eine kitschige Erzählung eines gar nicht erfolgreichen Autors, der aber glücklich in dieser schönen Gegend wohnt. »Es wird immer ein merkwürdiges Erlebnis sein«, würde ein Snob mit Recht sagen, »wenn sich das Virtuosentum, die perfekte Kunst, das Burgtheater eines mißglückten Versuches annimmt.« Der Schauspieler stimmt sich auf das Drama des Textes ein, das Publikum ist schon hingerissen, aber da geht plötzlich die Tür des Saals auf, und eine Dame der Veranstaltungsleitung bringt auf einem Tablett eine große Flasche Mineralwasser mit zwei Gläsern. Einige Sitzreihen sind geschlossen, über ein paar Leute muß sie sogar drübersteigen.

Der Schauspieler ist aus seiner Konzentration herausgerissen, und er mustert, noch ganz in das Drama des Textes versunken, die Dame mit dem Tablett. Sie hat ihn inzwischen erreicht und tut auf seinem Tisch herum, schiebt das Mikrophon weg, und auch das Manuskript, und stellt Flasche und Gläser ab. Man spürt, wie sie sich im Brennpunkt der Aufmerksamkeit fühlt. »Es gibt absolut keine Chance«, würde der Snob sagen, »ohne Peinlichkeit und bei atemloser Stille eines Publikums einem Schauspieler Mineralwasser auf die Bühne zu servieren.« Dem Schauspieler sitzt der Schrecken im Nacken; er wollte gerade das Beste aus dem Text herausholen und hatte sich zu diesem Zweck in den Text hineinversetzt. Das Publikum war mitgegangen – und jetzt diese Dame mit dem Tablett! Sie war wohl dazu erzogen, eher jede Peinlichkeit auf sich zu nehmen, als auch nur im geringsten von ihrer Pflicht abzulassen. Schon kehrt sie dem Schauspieler den Rücken, macht sich peinlich berührt auf ihren Weg durch die Sitzreihen, während es ihm tatsächlich gelingt, die Situation zu retten. Er hätte gekränkt reagieren können, es wäre nur verständlich gewesen, denn man stört die Meditation eines Menschen nicht. In der Meditation versammelt der Mensch seine besten Kräfte. Der Burgschauspieler hätte hysterisch schrill sagen können, wie komme ich in diesem Drecksnest dazu, von einer Serviererin in meiner Kunst gestört zu werden. Es hätte aber auch sein können, daß ihm die Kraft, sich umzustellen, verlorengegangen wäre: Es kostet nämlich sehr viel Kraft, aus einer Konzentration unverrichteter Dinge auszusteigen, das ist ein schrecklich schmerzhafter Leerlauf. Aber der Schauspieler hat sich einfach vom Text weg in die Wirklichkeit zurückgerufen. Dort hat er mit seiner Alltagsstimme gesagt: »Na, hoffentlich bringt mir jetzt nicht auch noch einer eine Jause.« Das Publikum lacht, und zwar, wie es richtig heißt, »erlöst«. Das ist auch die Leistung des sogenannten Humors, der einen dazu befähigt, die Blokkierungen aufzuheben, um dem Wechsel von der einen zur anderen Situation ohne Lächerlichkeit entsprechen zu können. Der Schauspieler rückt das Mineralwasser weg, richtet das Mikrophon, blickt konzentriert ins Manuskript, stellt einfach den früheren Zustand wieder her. Dann spricht er mit dem gesamten Glanz seiner dunklen Stimme von einem Mann, der an einem Flußufer steht, und von einer Frau, die später hinzukommt, und davon, was aus den beiden werden wird.

SŁAWOMIR MROŻEK

Mitleid

Auf Grund von Mißerfolgen in meinem Leben verfiel ich in Depressionen. Da zog eine Anzeige meine Aufmerksamkeit auf sich, die ich zufällig in einer Zeitung las: »Bist du traurig? Hast du keinen Erfolg? Hältst du dich für vom Schicksal benachteiligt? Straße der Rentnerfreuden 13, Hinterhof rechts.«

Unter der angegebenen Adresse herrschte ein großer Andrang. Man mußte ein Billett an der Kasse kaufen und dann warten. Es wurden nur zehn Personen auf einmal hereingelassen.

Als die Reihe an meine Zehnerschaft kam, führt uns ein Diener ins Innere. Es war eine gräßliche Einzimmerbehausung. Auf einer erbärmlichen Pritsche wanden sich einige Kinder in Krämpfen. Emailschildchen an den Wänden informierten: »Bitte rauchen und spucken – es schadet nichts mehr.« Und: »Bitte nicht die Türen schließen – wozu?«

An einem Tisch saß ein Mann mit einem Bein und eingefallenen Wangen. Als wir uns mehr oder weniger in diesem Loch verteilt hatten, sah der Mann auf die elektrische Uhr, räusperte sich und begann zu sprechen. Es war seine Lebensbeichte.

»Bitte, verzeihen Sie, daß meine Frau nicht da ist«, sagte er zu Beginn, »sie weilt im Krankenhaus. Und jetzt werde ich Sie in kurzen Worten mit meiner Situation vertraut machen.«

Je länger er sprach, desto fröhlicher wurde ich.

Denn im Vergleich mit seinem Leben mußten meine Mißerfolge wie Lappalien erscheinen. Es war dies eine einzige Kette von Niederlagen und Krankheiten. Schon bei der Beschreibung der Umstände, unter denen er zum Waisenkind wurde, erhellten sich die Gesichter der Kunden ein wenig, und als er zu der Geschichte seiner ersten Schwindsucht kam, wurden sie erheblich fröhlicher. Von Zeit zu Zeit gab er Schmerzensschreie von sich, zum Schluß verfiel er in leises Weinen. Als er geendet hatte, betrachtete er unsere strahlenden Gesichter und gestand uns, daß er obendrein noch Alkoholiker sei und bereit, sich für eine kleine Nachzahlung auf der Stelle unter Alkohol zu setzen, was ihm zusätzlich schaden würde. Einige Leute nutzten dieses Angebot aus. Ich verließ diesen Ort beträchtlich im Geiste gestärkt.

Einige Zeit später, als ich abends nach Hause zurückkehrte, traf ich diesen Mann auf der Brücke. Er stand da und starrte in die träge Strömung des Flusses. Er sah aus, als hätte er Kummer.

Ich näherte mich ihm.

»Irgendwelche neuen Sorgen?« fragte ich. »Eine Vergiftung? Ein Ekzem? Oder vielleicht, Gott verhüte, Syphilis?«

»Ach was«, er seufzte schwer. »Lassen wir das Geschäft. Ich bin einfach traurig.«

Er sah so düster in die Tiefe, daß ich das nicht länger ertragen konnte.

»Wissen Sie was?« sagte ich. »Ich weiß nicht, was es sein kann, aber seit längerer Zeit habe ich hier solches Seitenstechen.«

»Eh, wirklich?« fragte er schon lebhafter.

»Ja, und außerdem hat mich in diesem Sommer auf dem Land ein Blitz getroffen.«

Er wurde so sichtlich heiter, daß es mich etwas unangenehm berührte. Also fügte ich hinzu:

»Aber er hat mich nicht erschlagen.«

Seine Miene verdüsterte sich wieder.

»Aber es hat weh getan? Was?« fragte er hoffnungsvoll.

Es war etwas so Flehentliches in seiner Stimme, daß ich ihm, weil ich ein so gutes Herz habe, antwortete:

»Sehr.«

»Na, dann werde ich mal wieder«, sagte er fast fröhlich. »Irgendwie wird's schon werden, nicht wahr?«

Und er ging pfeifend fort. Seit der Zeit habe ich bei ihm Rabatt.

MÄRCHEN NACH DEN BRÜDERN GRIMM

Honig-Träume

Im Wald eines Schlosses lebte einst ein Einsiedler, der erhielt vom Grafen, dem das Schloss gehörte, alle Tage ein Brot und ein Schälchen mit Honig, denn der Graf war ein freigebiger Mann. Das Brot aß der Einsiedler, aber den Honig sparte er auf, sammelte ihn in einem Topf aus Ton, den er sicher als kleinen Schatz verwahrte. Es kam ein Jahr, da erkrankten sämtliche Bienenschwärme im Land, und der wenige Honig, den es gab, wurde wertvoll und teuer. Am Morgen, als der Diener des Grafen ihm die Nachricht von der Teuerung brachte – hatte er doch an diesem Tag keinen Honig mehr für ihn –, fasste er einen Entschluss. Indem er den Topf aus dem Schrank holte, wo er verborgen war, und dessen Gewicht in den Händen hin- und her wiegte, beschloss er für sich, den stattlichen gewachsenen Vorrat zu Geld zu machen. »Dafür kriege ich mindestens fünfzehn Gulden«, sagte er vor sich hin, »da kann ich mir ein paar Schafe kaufen. Die bekommen dann junge Lämmer, und in ein paar Jahren werde ich eine kleine Herde haben. Davon verkaufe ich einen Teil, kaufe Kühe, dann einen Ochsen und Land. Die Kühe geben Milch, die Schafe Wolle, mit dem Ochsen gehe ich über die Äcker, und noch ehe fünfzehn Jahre ins Land gehen, werde ich wohlhabend sein und ein großes Haus mein Eigen nennen. Dann suche ich mir eine Frau, wir werden Kinder haben, und Gott wird mich glücklich machen. – Was aber, wenn sie verschwenderisch sein sollte, streitsüchtig ist oder mich gar belügt und betrügt«, dachte er plötzlich über seine zukünftige Ehefrau – und die Gedanken überschlugen sich: »... wenn meine Kinder nicht folgsam und freundlich, sondern ungeraten, undankbar und ungehorsam sind, und mein Haus und mein Hof Opfer von Krankheit und Feuer werden.« – Vor lauter Schreck entglitt ihm da der schwere Topf, zerschellte in tausend Scherben und ergoss seinen wertvollen Inhalt über den Boden. So blieb der Einsiedler, nachdem er mühevoll seine Hütte geputzt hatte, dort, wo er war, und zwar bis an sein Lebensende.

HARTMUT EL KURDI

Alles ist möglich

Ich habe nicht das geringste Verständnis für Menschen, die ihre Wohnung verlassen, ohne wenigstens drei Mal nachgesehen zu haben, ob der Herd auch wirklich aus ist. Und der Heizstrahler im Badezimmer. Und das Teelicht im Stövchen. So leichtsinnig kann doch niemand sein! Es kann schließlich immer (ich betone: immer!) etwas passieren!

Neulich fragte mich eine Freundin, ob ich wüßte, was das für eine komische Diskette sei, die sie bei sich zu Hause in einem Aktenordner gefunden habe. Natürlich gehörte diese Diskette mir. Das habe sie sich schon gedacht, sagte die verwirrte Freundin, das sei an der Beschriftung zu erkennen gewesen, aber was, bitteschön, mache das Ding in ihrem Leitz-Ordner »Steuer 99«? Und dann mußte ich ihr gestehen, daß ich in der fortwährenden Angst lebe, mein Computer könne explodieren. Und daß ich deswegen überall, an den unmöglichsten Orten, in fremden wie befreundeten Wohnungen, Disketten hinterlege. Mit Kopien meiner wichtigsten Textdateien. Denn was nützt es mir, wenn mein PC in die Luft fliegt und die einzige Sicherheitsdiskette sich in der Schublade meines Schreibtisches befindet? Vielleicht entstünde durch den Computercrash ein Schwelbrand im Sicherungskasten, der sich, wie es Schwelbrände nun mal an sich haben, zu einem veritablen Wohnungsbrand ausweitete – und schon wäre auch dieser Rettungsanker ein

Opfer der Flammen! Dann schon lieber Disketten rund um den Globus verteilen.

Ein Freund von mir, ein gewisser Herr Günther, hingegen behauptet, nie Kopien von Textdateien anzulegen. Er gehe immer auf volles Risiko! Außerdem habe er da eine Theorie: »Irgendwo dort oben«, und dabei zeigt er gerne mit einer parareligiösen Geste gen Himmel, gebe es eine Art Daten-All, in dem alle Dateien, die aus abgestürzten Computern verschwunden seien, frei umherschwirrten. Völlig schwerelos. Er selbst habe auch schon so manchen Text an dieses Daten-All verloren. Aber vielleicht sitze ja irgendwann irgend jemand an seinem Computer und tippe aus Versehen die Tastenkombination »Strg + F8 + Einfg« (o. ä.) – und schwupps, habe dieser Jemand auf einmal einen wildfremden Text auf seinem Bildschirm. Vielleicht einen Text, den er, Herr Günther, oder wer auch immer, vor zehn Jahren aus Versehen gelöscht habe. An den sich der Schreiber gar nicht mehr erinnere. Einen Text, der dort oben im Digital-Himmel nur seiner Reinkarnation harrte. Und das sei auch höchstgradig faszinierend ... Hmh, vielleicht lautete die Theorie aber auch ganz anders. Ich hätte sie gleich notieren und eine Sicherheitskopie davon anlegen sollen.

Ein anderes Beispiel: Vor einiger Zeit fuhr ich mit meiner Freundin nach Dänemark. Da ich ungern das Land verlasse, ohne meinen halben Hausstand mitzunehmen, dauerte das Packen des Autos etwas länger. Diverse Bücherkisten, Erste-Hilfe-Koffer und natürlich Wechselgarderoben für jede Wetterlage und alle Eventualitäten mußten zum Reisegefährt geschleppt und darin verstaut werden. Das bedeutete ein eineinhalbstündiges Rein und Raus, Hin und Her, Kommen und Gehen, Holen und Bringen – und natürlich war meine Wohnungstür dabei durchgehend geöffnet. Nach ca. 200 km in Richtung Norden hatte ich plötzlich eine Vision: Vielleicht war ja die Katze meiner Nachbarn – wie schon so oft – blitzschnell und unbemerkt durch die offene Tür gehuscht und hatte sich unter meinem Sofa versteckt. Mir war sofort klar, was das bedeutete. Während ich also zwei Wochen an der dänischen Ostsee verbrachte, würde das arme Tier in meiner Wohnung zunächst alles vollscheißen und dann jämmerlich verdursten und verhungern. Bei meiner Heimkehr schlüge mir schon an der Autobahnausfahrt der stechende Verwesungsgeruch einer von Insektenlarven besiedelten Katzenleiche entgegen. Dieses Buttgereitsche Horrorszenario verfolgte mich bis hinter die deutsch-dänische Grenze, ach was: Tagelang verfolgte es mich! Als ich schon dachte, ich müsse meinen Urlaub abbrechen und nach Hause fahren, um die Katze vielleicht doch noch vor dem Verenden zu bewahren, ließ der Alpdruck langsam nach. Hatte ich nicht vor der Abfahrt noch einmal alle Zimmer inspiziert, nicht zuletzt, um zu überprüfen, ob auch alle elektrischen Geräte ausgeschaltet und entsteckert waren? Ich entspannte mich. Ich genoß das Leben. Ich aß dänische Hotdogs mit drei verschiedenen Soßen, eingelegten Gurkenscheiben und Trockenzwiebeln. Es ging mir gut. Bis wir uns wieder auf den Weg nach Deutschland machten.

Die letzten 100 km die Hölle zu nennen, würde

dem grausamen Katzenzombiefilm, der in meinem Kopfkino ablief, auch nicht annähernd gerecht werden. Ich erwartete, direkt vor meiner Haustür von einem mobilen Einsatzkommando, bestehend aus Angestellten des Tierschutzvereins, der Seuchenpolizei und der Ethikkommission des Bundeskanzlers, verhaftet und in Ketten abgeführt zu werden.

Natürlich lag in meiner Wohnung keine Tierleiche. Und natürlich tollte die Katze übermütig und quietschfidel im Garten umher. Aber, und darauf bestehe ich, Ihr oberflächlichen, optimistischen Easy-Living-Hallodris: Es hätte doch wirklich sein können!

MANFRED LÜTZ

Muße

»Wir arbeiten, um Muße zu haben.«
Aristoteles

Es ist schon ziemlich paradox. Alle Welt klagt darüber, keine Zeit zu haben. Wenn man sie dann aber haben könnte, dann geht man damit um wie mit einem wilden Tier: Man vertreibt sie – das nennt man dann »Zeitvertreib« – oder man schlägt sie gar tot – das nennt man dann »Zeit totschlagen«. Die Freizeitgesellschaft hat umfangreiche Instrumente für die Großwildjagd auf die Zeit entwickelt. Überall gibt es »Erlebnisurlaub«, wo die Freizeitmenschen unermüdlich von morgens bis abends Tätigkeiten nachgehen, die sinnvoll sein sollen. Dabei sind sie nicht sinnvoll, sondern allenfalls zweckmäßig. Von der Arbeit unterscheiden sie sich vor allem dadurch, dass man sie sich selbst ausgesucht hat und dafür kein Geld bekommt, sondern Geld bezahlt. Bei anderen Urlaubsformen kann man sein Ich bei einem sogenannten Animateur abgeben, der einem zwar nicht die Seele einhaucht, wie sein Berufsetikett eigentlich verheißt, aber zuverlässig »Spaß« organisiert, dass einem Hören und Sehen vergeht. Da »vergeht« für weniger anspruchsvolle Gäste »die Zeit wie im Flug«. Es soll Menschen geben, die sich bei derlei Kurzweiligkeiten nach der guten alten Langeweile sehnen – sich das aber nicht so recht zu sagen trauen. Außerhalb des Urlaubs findet die Großwildjagd auf freie Zeit zwischen Dienstschluss und Schlafengehen statt. Baumärkte schießen aus dem Boden, und kein Reihenhaus kommt ohne Hobbyraum aus, wo der Vater nach getaner Arbeit – weiterarbeitet, nur nennt er das eigenartigerweise nicht so. Der Arbeitsgesellschaft geht nämlich nicht die Arbeit aus, sie verlagert sich bloß – in den Hobbyraum. Hier soll nun gegen solchen Ausgleich gar keine generelle Polemik betrieben werden. Die Arbeit im Hobbyraum ist zweifellos gegenüber der in der Regel fremdbestimmten Erwerbsarbeit ein Unterschied, der einen Unterschied macht, sie ist nämlich selbstbestimmt. Dennoch ist die Zeit weg. Und zwar für Arbeit. Unter dem Tarnbegriff »Freizeit«. Und auf solche Weise geht der Freizeitgesellschaft inzwischen ausgerechnet die Zeit aus. Denn eine boomende Freizeitindustrie vertreibt jede Leere, die einen »horror vacui« aufkommen lassen könnte. So ist man rund um die Uhr beschäftigt.

Diese Entwicklung hängt möglicherweise damit zusammen, dass die »Freizeit« nie ein eigenes Selbstbewusstsein entwickeln konnte. Denn sie war immer schon die kleine Schwester der Arbeit. »Freizeit« definiert sich nämlich von der Arbeit her, es ist Zeit, die frei ist von Arbeit. Damit ist die Freizeit eine Zeit zweiter Klasse. Kein Wunder, dass sie sich inzwischen redlich darum bemüht, den Adel der Arbeit zu erwerben. Man darf wohl sagen: Es ist ihr vollauf gelungen. Das ist der eigentliche Triumph der Arbeitsgesellschaft: Alles ist Arbeit, sogar die Freizeit. Der große Soziologe Max Weber hat darauf hingewiesen, dass in vom calvinischen Arbeitsethos geprägten Ländern die Worte für Arbeit einen sakralen Charakter haben. »Beruf« sagt man im Deutschen. Und das kommt von »Berufung«. Es klingt etwas übertrieben, dass man zum Leeren einer Mülltonne »berufen« sein soll. Auch Buchhalter ist man in den seltensten Fällen aus »Berufung«. Dennoch, beides sind »Berufstätigkeiten«. Sogar bei sprachlichen Neubildungen ist die Arbeitsfixierung ungetrübt. Hilfsbedürftigen Menschen wird nicht mehr »Fürsorge«, sondern »Sozialarbeit« zuteil, es gibt Angehörigenarbeit, Behindertenarbeit, Jugendarbeit, Altenarbeit, Trauerarbeit. Italiener, denen die deutsche Mentalität bisweilen fremd ist, vermuten heimlich, dass die Deutschen nur mit Bedauern schlafen – und richtig, sogar da arbeiten sie noch. Der Begriff »Traumarbeit« ist eine deutsche Sprachschöpfung.

Noch schlimmer als »Freizeit« ist aber der Begriff »Erholung«. Man sollte sich streng weigern, sich zu erholen. Denn wofür erholt man sich eigentlich? Natürlich für die Arbeit. Diese Zeit hat von vornherein einen ausdrücklich vorgeschriebenen Zweck. In Arbeitsverträgen steht auch heute noch die empörende Formulierung, dass der Arbeitnehmer seinen Urlaub zur Wiederherstellung seiner Arbeitsfähigkeit einzusetzen hat. Wo kämen wir denn da hin! Was hat der Arbeitgeber denn, bitte schön, im Urlaub zu suchen? Hier entlarvt sich die Arbeitsgesellschaft sogar als hemmungslos totalitär. Offensichtlich geht man nach wie vor paternalistisch davon aus, dass der Arbeitgeber allzuständig ist für das Leben seiner Lohnabhängigen. Noch nicht einmal die Gewerkschaften protestieren gegen solche verbalen Ausfälle. Eine angemessene, freiheitlich demokratische Formulierung würde lauten: Der Arbeitgeber hat die Arbeit so zu organisieren, dass der Arbeitnehmer seine freie Zeit lustvoll leben kann. Niemand fordert allerdings so etwas und das zeigt, wie unangefochten die Arbeitsgesellschaft auch über die Freizeit herrscht. In ihren Verliesen aber schmachtet die Lebenslust.

Nehmen wir an, ich könnte Ihnen, lieber Leser, jetzt im Moment sagen, an welchem Tag genau Sie sterben werden. Ich bin sicher, schon morgen würden Sie anders leben. Denn Sie wüssten, morgen wäre unwiderruflich ein unwiederholbarer Tag weniger auf der Lebensrechnung. Nun ist es aber wirklich so, dass es absolut sicher ist, dass Sie sterben und dass daher der morgige Tag unwiderruflich ein unwiederholbarer Tag weniger auf der Lebensrechnung ist. Und damit ist klar, die Zeit ist knapp, auch für Sie, lieber Leser. Da ist die Floskel »Zeit ist Geld« schon eine maßlose Untertreibung. Würden Sie, wenn Sie sicher wüssten, dass Sie in bemessener Zeit sterben werden, für Geld zeitweilig den größten Unsinn tun, lästigen Unsinn, keinen lustigen Unsinn, versteht sich? Zeit ist unendlich viel kostbarer als Geld. Aber was macht man mit ihr, wenn man sie nicht verkauft, nicht vertreibt und nicht totschlägt? Stellen sie sich vor, es ist Zeit und keiner geht hin!

Die Antwort ist klar: Muße! Die Zeit und das Leben ganz intensiv in der Einzigartigkeit jedes Moments spüren. Das ist Lebenslust in ihrer höchsten Form.

Wer das unternimmt, der begibt sich auf ein Abenteuer, das sogar noch weiter reicht. Im Bewusstsein der Unwiederholbarkeit jedes Augenblicks kann ihm in einer eindringlichen Zeit zweckfreier Muße plötzlich Ewigkeit zustoßen.

PETER BICHSEL

Von Paris erzählen

Es gibt Tage, die haben keine Gelegenheit stattzufinden. Sie sind dadurch gelähmt, daß man heute nichts tun kann, weil noch so viel zu tun wäre – morgen, übermorgen, nächste Woche. Man kann jetzt nichts tun, weil viel anderes dringend zu tun wäre, und nicht alles, was morgen zu tun ist, kann man heute schon tun.

Am Ende eines solchen langen, langen Tages, zwei gute Freunde getroffen. Zwei von jenen Freunden, die man selten sieht, oft monate- oder jahrelang nicht, und an die man immer denkt, nach denen man sich immer wieder erkundigt und sich vornimmt, sie anzurufen. Wir setzten uns in die Abendsonne und redeten und redeten.

Der Tag wurde doch noch zu etwas, zu einem Augenblick, zu einem langen Augenblick. Ich stellte beim Nachhausegehen fest, daß ich doch gern lebe.

Ich erzählte meiner Frau von der beglückenden Begegnung, und sie wollte wissen, wie es den beiden denn gehe. Zu meiner Überraschung wußte ich es nicht. Dann wollte sie wissen, was sie denn erzählt hätten. Das wußte ich zwar noch – das Gespräch war mir wichtig und hatte mich beglückt –, aber nun war es plötzlich nicht mehr erzählenswert. Zwar wußte ich noch, wovon wir gesprochen hatten, aber ich hätte nur den Inhalt des Gesprächs wiedergeben können, und hätte ich es getan, ich hätte mir selbst die Freude an jener Begegnung verdorben.

Warum kann man das später nicht erzählen? Ganz einfach: Eben weil es nicht erzählbar ist.

Ich habe zwei Bücher bekommen, auf denen mein Name steht und die ich nicht lesen kann – eines auf dänisch, eines auf koreanisch. Selbstverständlich freue ich mich, bin ein wenig stolz darauf, und weil ich sie nicht lesen kann, bleibt mir nichts anderes übrig, als sie ein bißchen zu streicheln. Aber irgendwie sind mir die beiden Bücher peinlich. Ich fürchte, daß sie vielleicht nur übersetzt sind, daß darin nur wiedergegeben ist, was ich geschrieben habe. Ich nehme zwar an, daß der Übersetzer sich über meinen Text gefreut hat – so wie ich mich über das Gespräch gefreut habe –, aber ich fürchte, daß er ihn nur wiedergibt, ohne ihn erzählbar gemacht zu haben. Was man erzählt, das muß erzählbar sein.

Es gibt bestimmt unübersetzbare Texte – Texte, die man nicht noch einmal erzählbar machen kann.

Die Fragen meiner Übersetzer nach der Bedeutung einzelner Wörter machen mich skeptisch, die Bedeutung einzelner Wörter hat mit der Erzählbarkeit nichts zu tun.

Es würde mir leichter fallen, über Paris zu erzählen als über New York. Paris kenne ich sehr gut aus literarischen und privaten Erzählungen, aus dem Kino auch. Paris ist für mich zum vornherein eine Erzählung, weil ich im wirklichen Paris noch nie war. In New York war ich aber oft und lange. Vorläufig würde mein Bericht darüber heißen: »Ja, ja. New York.« Für mehr müßte ich es erst erzählbar machen.

(Ich erinnere mich an den alten Bauernknecht, der – vor allem durch mißliche Umstände – weit in der Welt herumgekommen war. Er war ein ehrlicher Erzähler, und das ging so: »Hongkong zum Beispiel, ühh dehr – Helsinki zum Beispiel, ühh dehr – Paris zum Beispiel, ühh dehr …«. Ich hätte ihm stundenlang zuhören können, die Namen der Orte, die er genüßlich über die Zunge fließen ließ, waren die ganze Geschichte. Er konnte viele Fremdsprachen. Und er wußte von den Grenzen der Erzählbarkeit.)

Als Kind hat man sich vorgestellt, später einmal die ganze Welt anzuschauen, Afrikaforscher zu werden, China zu bereisen wie Marco Polo. Ich saß vor der Weltkarte und plante meine Reisen. Auf Australien verzichtete ich zum voraus, aber Paris hatte erste Priorität. Inzwischen bin ich durch beruflichen Zufall in Australien gewesen, in Paris nie. Ich werde das auch nicht nachholen. Aber die Möglichkeit, einmal hinzufahren, bleibt mir wichtig. Ich bin darauf angewiesen, daß es Paris gibt. Im Kleinen nennt man das Infrastruktur: Alle ärgern sich darüber, daß sonntags fast alle Restaurants geschlossen sind, aber die wenigen in der Stadt, die offen sind, sind leer. Man geht zwar nicht hin, aber die Vorstellung, überhaupt nicht hingehen zu können, ist unerträglich. Ich war schon seit Monaten nicht mehr im Kino – trotzdem, ich finde, daß es in meiner Stadt zu wenige Kinos gibt. Ich bin froh, daß es eine ganze Welt gibt. Ich brauche sie als Fluchtmöglichkeit – nicht in Wirklichkeit, aber in meinem Kopf. Ich bin froh, daß Paris am Sonntag offen ist.

Darüber sprachen wir drei an diesem schönen Abend, fiel mir hinterher ein. Und wenn man mich fragt, warum denn das Sprechen über solche Dinge glücklich machen kann, dann kann ich nur hilflos mit den Schultern zucken, denn weil ich es nicht übersetzen kann vom Deutschen ins Deutsche, weil ich es nicht erzählbar machen kann, bleibt es nur ein Inhalt, nur ein Thema. Sprache hat mit Sprechen zu tun. Hie und da erleben wir Sprache als Glück. Eben, wenn wir sprechen – über irgend etwas –, über Paris zum Beispiel.

AUS DEM ALTEN CHINA

Ein Mann hatte seine Axt verloren und glaubte, daß sie der Sohn seines Nachbarn gestohlen habe. Jedesmal, wenn er den Jungen sah, schien es ihm, als ob er wirklich ein Dieb sei. Sein Gang, sein Gesichtsausdruck, seine Sprache und überhaupt alles an dem Jungen schienen davon zu zeugen, daß er die Axt gestohlen hatte.

Wenig später fand der Mann seine Axt wieder.

Als er am nächsten Morgen den Sohn des Nachbarn erneut traf, war es ihm, als ob der Junge in keiner Weise einem Dieb gliche.

(Liezi)

Im Staate Zheng lebte ein Mann, der wollte sich ein Paar neue Schuhe kaufen und nahm dafür zu Hause Maß. Den Zettel jedoch ließ er auf seinem Stuhl liegen.

Am Markt wurden viele Schuhe feilgeboten. »Ach, ich habe die Maße vergessen!« rief er, und er machte sich sogleich wieder auf den Heimweg, um sie zu holen. Als er jedoch zum Markt zurückkehrte, war es bereits zu spät, und er konnte keine Schuhe mehr kaufen.

Ein Nachbar fragte ihn, warum er nicht gleich an Ort und Stelle die Schuhe angepaßt habe.

»Nun deshalb«, sagte der Mann, »weil ich lieber dem Maßzettel vertraue.«

(Han Feizi)

Im Staate Song beobachtete ein Bauer beim Pflügen, wie ein Hase gegen einen Baum rannte und sich dabei das Genick brach. Da legte er sein Ackergerät beiseite, setzte sich neben den Baum und wartete auf weitere Hasen. Aber es kam keiner mehr, und so lachte man über den Mann im ganzen Staate Song.

(Han Feizi)

Wo willst du hin?« fragte die Turteltaube die Eule.

»Ich ziehe nach dem Osten«, sagte die Eule.

»Warum denn?« fragte die Taube.

»Die Leute hier lieben mein Geheule nicht«, antwortete die Eule.

»Da solltest du deine Stimme ändern«, riet die Turteltaube, »sonst werden dich die Leute im Osten schwerlich lieber haben.«

(Garten der Erzählungen)

II

Einfach zu zweit

KURT TUCHOLSKY

Ein Ehepaar erzählt einen Witz

»Herr Panter, wir haben gestern einen so reizenden Witz gehört, den müssen wir Ihnen ... also den muß ich Ihnen erzählen. Mein Mann kannte ihn schon ... aber er ist zu reizend. Also passen Sie auf.

Ein Mann, Walter, streu nicht den Tabak auf den Teppich, da! Streust ja den ganzen Tabak auf den Teppich, also ein Mann, nein, ein Wanderer verirrt sich im Gebirge. Also der geht im Gebirge und verirrt sich, in den Alpen. Was? In den Dolomiten, also nicht in den Alpen, ist ja ganz egal. Also er geht da durch die Nacht, und da sieht er ein Licht, und er geht grade auf das Licht zu ... laß mich doch erzählen! das gehört dazu! ... geht drauf zu, und da ist eine Hütte, da wohnen zwei Bauersleute drin. Ein Bauer und eine Bauersfrau. Der Bauer ist alt, und sie ist jung und hübsch, ja, sie ist jung. Die liegen schon im Bett. Nein, die liegen noch nicht im Bett ...«

»Meine Frau kann keine Witze erzählen. Laß mich mal. Du kannst nachher sagen, ob's richtig war. Also nun werde ich Ihnen das mal erzählen.

Also, ein Mann wandert durch die Dolomiten und

verirrt sich. Da kommt er – du machst einen ganz verwirrt, so ist der Witz gar nicht! Der Witz ist ganz anders. In den Dolomiten, so ist das! In den Dolomiten wohnt ein alter Bauer mit seiner jungen Frau. Und die haben gar nichts mehr zu essen; bis zum nächsten Markttag haben sie bloß noch eine Konservenbüchse mit Rindfleisch. Und die sparen sie sich auf. Und da kommt ... wieso? Das ist ganz richtig! Sei mal still ..., da kommt in der Nacht ein Wandersmann, also da klopft es an die Tür, da steht ein Mann, der hat sich verirrt, und der bittet um Nachtquartier. Nun haben die aber gar kein Quartier, das heißt, sie haben nur ein Bett, da schlafen sie zu zweit drin. Wie? Trude, das ist doch Unsinn ... Das kann sehr nett sein!«

»Na, ich könnte das nicht. Immer da einen, der – im Schlaf strampelt ..., also ich könnte das nicht!«

»Sollst du ja auch gar nicht. Unterbrich mich nicht immer!«

»Du sagst doch, das wäre nett. Ich finde das nicht nett.«

»Also ...«

»Walter! Die Asche! Kannst du denn nicht den Aschbecher nehmen?«

»Also ... der Wanderer steht da nun in der Hütte, er trieft vor Regen, und er möchte doch da schlafen. Und da sagt ihm der Bauer, er kann ja in dem Bett schlafen, mit der Frau.«

»Nein, so war das nicht. Walter, du erzählst es ganz falsch! Dazwischen, zwischen ihm und der Frau – also der Wanderer in der Mitte!«

»Meinetwegen in der Mitte. Das ist doch ganz egal.«

»Das ist gar nicht egal ... der ganze Witz beruht ja darauf.«

»Der Witz beruht doch nicht darauf, wo der Mann schläft!«

»Natürlich beruht er darauf! Wie soll denn Herr Panter den Witz so verstehen ... laß mich mal – ich werd' ihn mal erzählen! – Also der Mann schläft, verstehen Sie, zwischen dem alten Bauern und seiner Frau. Und draußen gewittert es. Laß mich doch mal!«

»Sie erzählt ihn ganz falsch. Es gewittert erst gar nicht, sondern sie schlafen friedlich ein. Plötzlich wacht der Bauer auf und sagt zu seiner Frau – Trude, geh mal ans Telephon, es klingelt. – Nein, also das sagt er natürlich nicht ... Der Bauer sagt zu seiner Frau ... Wer ist da? Wer ist am Telephon? Sag ihm, er soll später noch mal anrufen – jetzt haben wir keine Zeit! Ja. Nein. Ja. Häng ab! Häng doch ab!« – »Hat er Ihnen den Witz schon zu Ende erzählt? Nein, noch nicht? Na, erzähl doch!« – »Da sagt der Bauer: Ich muß mal raus, nach den Ziegen sehn – mir ist so, als hätten die sich losgemacht, und dann haben wir morgen keine Milch! Ich will mal sehn, ob die Stalltür auch gut zugeschlossen ist.«

»Walter, entschuldige, wenn ich unterbreche, aber Paul sagt, nachher kann er nicht anrufen, er ruft erst abends an.«

»Gut, abends. Also der Bauer – nehmen Sie doch noch ein bißchen Kaffee! – Also der Bauer geht raus, und kaum ist er rausgegangen, da stupst die junge Frau …«

»Ganz falsch. Total falsch. Doch nicht das erstemal! Er geht raus, aber sie stupst erst beim drittenmal – der Bauer geht nämlich dreimal raus – das fand ich so furchtbar komisch! Laß mich mal! Also der Bauer geht raus, nach der Ziege sehn, und die Ziege ist da; und er kommt wieder rein.«

»Falsch. Er bleibt ganz lange draußen. Inzwischen sagte die junge Frau zu dem Wanderer –«

»Gar nichts sagt sie. Der Bauer kommt rein …«

»Erst kommt er nicht rein!«

»Also … der Bauer kommt rein, und wie er eine Weile schläft, da fährt er plötzlich aus dem Schlaf hoch und sagt: Ich muß doch noch mal nach der Ziege sehen – und geht wieder raus.«

»Du hast ja ganz vergessen, zu erzählen, daß der Wanderer furchtbaren Hunger hat!«

»Ja. Der Wanderer hat vorher beim Abendbrot gesagt, er hat so furchtbaren Hunger, und da haben die gesagt, ein bißchen Käse wäre noch da …«

»Und Milch!«

»Und Milch, und es wäre auch noch etwas Fleischkonserve da, aber die könnten sie ihm nicht geben, weil die eben bis zum nächsten Markttag reichen muß. Und dann sind sie zu Bett gegangen.«

»Und wie nun der Bauer draußen ist, stupst sie den, also da stupst die Frau den Wanderer in die Seite und sagt: Na …«

»Keine Spur! Aber keine Spur! Walter, das ist doch falsch! Sie sagt doch nicht: Na …!«

»Natürlich sagt sie: Na ...! Was soll sie denn sagen?«

»Sie sagt: Jetzt wäre so eine Gelegenheit ...«

»Sie sagt im Gegenteil: Na ... und stupst den Wandersmann in die Seite ...«

»Du verdirbst aber wirklich jeden Witz, Walter!«

»Das ist großartig! Ich verderbe jeden Witz? Du verdirbst jeden Witz – ich verderbe doch nicht jeden Witz! Da sagt die Frau ...«

»Jetzt laß mich mal den Witz erzählen! Du verkorkst ja die Pointe ...!«

»Also jetzt mach mich nicht böse, Trude! Wenn ich einen Witz anfange, will ich ihn auch zu Ende erzählen ...«

»Du hast ihn ja gar nicht angefangen ... ich habe ihn angefangen!« – »Das ist ganz egal – jedenfalls will ich die Geschichte zu Ende erzählen; denn du kannst keine Geschichten erzählen, wenigstens nicht richtig!« – »Und ich erzähle eben meine Geschichten nach meiner Art und nicht nach deiner, und wenn es dir nicht paßt, dann mußt du eben nicht zuhören ...!« – »Ich will auch gar nicht zuhören ... ich will sie zu Ende erzählen – und zwar so, daß Herr Panter einen Genuß von der Geschichte hat!« – »Wenn du vielleicht glaubst, daß es ein Genuß ist, dir zuzuhören ...« – »Trude!« – »Nun sagen Sie, Herr Panter – ist das auszuhalten! Und so nervös ist er schon die ganze Woche ... ich habe ...« – »Du bist ...« – »Deine Unbeherrschtheit ...« – »Gleich wird sie sagen: Komplexe! Deine Mutter nennt das einfach schlechte Erziehung ...« – »Meine Kinderstube ...!« – »Wer hat denn die Sache beim Anwalt rückgängig gemacht? Wer denn? Ich vielleicht? Du! Du hast gebeten, daß die Scheidung nicht ...« – »Lüge!« – Bumm: Türgeknall rechts. Türgeknall links.

Jetzt sitze ich da mit dem halben Witz.

Was hat der Mann zu der jungen Bauersfrau gesagt?

SAKI

Die Maus

Theodoric Voler hatte sich von frühester Kindheit an bis zum Erreichen reiferer Jahre in der Obhut einer liebevollen Mutter befunden, deren Hauptsorge darin bestanden hatte, ihn von den, wie sie es nannte, unfeineren Realitäten des Lebens fernzuhalten. Als sie starb, ließ sie Theodoric in einer Welt zurück, die so real wie eh und je war und erheblich unfeiner, als es seines Erachtens notwendig gewesen wäre.

Für einen Mann seiner Wesensart und Kinderstube bedeutete selbst eine Eisenbahnreise nichts als kleine Ärgernisse und Unannehmlichkeiten. Und als er es sich eines Septembermorgens in einem Zweiter-Klasse-Abteil bequem machte, hatte er das Gefühl, geistig und seelisch völlig aus dem Gleichgewicht geraten zu sein. Er hatte sich vorübergehend in einem Pfarrhaus auf dem Land aufgehalten, dessen Bewohner gewiß weder zu Roheit noch Ausschweifung neigten, doch war die Leitung des Haushalts von jener nachlässigen

Art gewesen, die Katastrophen geradezu heraufbeschwört. Der Ponywagen, mit dem er zum Bahnhof befördert werden sollte, war nie ordnungsgemäß bestellt worden, und als der Zeitpunkt von Theodorics Abreise näherrückte, hatte man auch den Mann, der für besagten Wagen zuständig war, vergeblich gesucht. In seiner Not hatte sich Theodoric unter stummem, aber heftigem Widerwillen gezwungen gesehen, das Pony mit Hilfe der Pfarrerstochter selbst anzuschirren, wobei sie in einem schlecht beleuchteten Nebengebäude umhertappten, das sich Stall nannte und auch penetrant so roch – einmal abgesehen von den Stellen, an denen es nach Mäusen stank. Theodoric fürchtete sich zwar nicht gerade vor Mäusen, doch er ordnete sie den unfeineren Dingen des Lebens zu. Seiner Meinung nach hätte sie die göttliche Vorsehung – mit ein wenig Charakterstärke – schon längst als entbehrlich erkennen und aus dem Verkehr ziehen können.

Als der Zug aus dem Bahnhof rollte, bildete er sich ein, nicht nur einen schwachen Stallgeruch zu verbreiten, sondern auch, daß seinem sonst so ordentlich gebürsteten Anzug möglicherweise auch ein paar verrottete Strohhalme anhafteten. Zum Glück befand sich außer ihm nur noch eine etwa gleichaltrige Dame im selben Abteil, die ein Schläfchen einer eingehenden Prüfung seiner Person vorzuziehen schien. Da der Zug zudem erst wieder an der Endstation halten würde, also ungefähr in einer Stunde, und der Waggon zu jener altmodischen Sorte zählte, die keinen Korridor aufweist, war es höchst unwahrscheinlich, daß Theodorics halb private Zurückgezogenheit von weiteren Mitreisenden gestört wurde.

Doch kaum daß der Zug seine normale Geschwindigkeit erreicht hatte, kam Theodoric mehr als widerwillig die unliebsame Erkenntnis, daß er keineswegs mit der schlummernden Dame allein war – ja, er war nicht einmal in seinen Kleidern allein. Eine warme, krabbelnde Bewegung auf seiner Haut verriet ihm die unangenehme und höchst störende Anwesenheit einer verirrten Maus auf zwar unsichtbare, aber ausgesprochen schmerzliche Weise. Offensichtlich hatte sich das Tierchen während des Ponyanschirrens an seinen gegenwärtigen Aufenthaltsort verstiegen. Weder heimliches Aufstampfen noch Schütteln oder zielloses Kneifen schienen auf den ungebetenen Gast Eindruck zu machen, dessen Devise offenbar lautete: Excelsior*. Der rechtmäßige Eigentümer der Kleider lehnte sich in die Polster zurück und suchte krampfhaft nach einer Möglichkeit, die dem doppelten Besitzanspruch ein Ende bereiten konnte. Völlig ausgeschlossen, noch eine geschlagene Stunde in dieser entsetzlichen Situation zu verharren, als Asyl für vagabundierende Mäuse zu dienen. (In seiner Fantasie hatte sich die Anzahl der feindlichen Eindringlinge bereits mindestens verdoppelt.) Andererseits konnte ihn nur die drastische Maßnahme, die Hosen herunterzulassen, von seinem Peiniger befreien. Doch allein der Gedanke, sich in Gegenwart einer Dame zu entkleiden, trieb ihm die Schamröte bis in die Haarspitzen – auch wenn der Grund durchaus ehrenwert war. Bisher hatte er sich

* Lat.: höher hinauf.

nicht einmal überwinden können, in Anwesenheit des schönen Geschlechts Socken mit Lochmuster zu tragen. Und doch – in diesem Fall schien die Dame ja allem Anschein nach tief und fest zu schlafen, während sich die Maus allergrößte Mühe gab, ein ganzes Wanderjahr in ein paar rastlosen Minuten zu absolvieren. Wenn an der Theorie der Wiedergeburt etwas Wahres ist, dann mußte diese Maus in einem früheren Leben zweifellos Mitglied des Alpenvereins gewesen sein. Manchmal verlor sie in der Eile den Halt und rutschte wieder einige Zentimeter hinab. Und dann biß sie zu, vielleicht aus Angst, aber wahrscheinlich aus Wut. All das trieb Theodoric zu der tollkühnsten Tat seines Lebens. Er nahm die Färbung einer roten Bete an, und während er mit gequältem Blick seine schlafende Reisegefährtin im Auge behielt, befestigte er rasch und geräuschlos die Zipfel seiner Reisedecke an den sich gegenüberliegenden Gepäcknetzen, so daß das Abteil von einem undurchlässigen Vorhang durchtrennt wurde.

In der schmalen Garderobe, die auf diese Weise entstanden war, begann er nun mit wilder Hast, sich teilweise und die Maus vollständig aus der schützenden Hülle von Tweed und Halbwolle zu schälen. Als die befreite Maus mit einem wilden Satz auf den Boden sprang, rutschten beide Zipfel der Decke aus ihrer Halterung, und mit einem Laut, der sein Herz fast zum Stillstand brachte, glitt der Vorhang zu Boden. Fast gleichzeitig schlug die aus dem Schlaf gerissene Dame ihre Augen auf. Mit einem Satz, der den der Maus an Schnelligkeit fast noch übertraf, stürzte sich Theodoric auf die Decke und zerrte die Stoffmassen über seinen entblößten Körper bis unter das Kinn, bevor er in der Abteilecke niedersank. Das Blut raste ihm in den Adern und hämmerte in seinen Schläfen, während er stumm darauf wartete, daß die Notbremse gezogen würde. Die Dame begnügte sich jedoch damit, ihren seltsam vermummten Mitreisenden schweigend und starr anzublicken. Wieviel sie wohl mit angesehen hatte, fragte sich Theodoric. Und was mochte sie von seinem gegenwärtigen Aufzug halten?

»Ich glaube, ich habe mich erkältet«, sagte er schließlich verzweifelt.

»Das tut mir wirklich leid«, erwiderte sie. »Und ich wollte Sie gerade bitten, das Fenster zu öffnen.«

»Vermutlich ist es Malaria«, fügte er hinzu und klapperte ein wenig mit den Zähnen, einerseits aus Angst und andererseits, um dadurch seine Geschichte zu erhärten.

»Ich habe in meiner Reisetasche etwas Brandy. Wenn Sie sie mir liebenswürdigerweise herunterreichen würden«, sagte seine Reisegefährtin.

»Um keinen Preis – ich wollte sagen: Ich nehme nie etwas dagegen ein«, versicherte er ihr ernsthaft.

»Sie haben sich die Malaria in den Tropen geholt, nehme ich an?«

Theodoric, dessen Bekanntschaft mit den Tropen sich in der Kiste Tee erschöpfte, die ihm ein Onkel auf Ceylon* jedes Jahr zum Geschenk machte, fühlte sich, als ob selbst die Malaria ihn im Stich ließe. Er

* Früherer Name von Sri Lanka.

fragte sich, ob es wohl möglich war, ihr die wahre Sachlage in kleinen Raten zu offenbaren.

»Haben Sie Angst vor Mäusen?« erkundigte er sich zögernd und wurde dabei, sofern das überhaupt möglich war, noch röter.

»Nur wenn sie in Massen auftreten, so wie die, die Bischof Hatto gefressen haben. Warum fragen Sie?«

»Weil gerade eine in meinen Kleidern krabbelte«, sagte Theodoric mit einer Stimme, die kaum noch seine eigene zu sein schien.

»Wirklich eine ausgesprochen unangenehme Situation.«

»O ja, vor allem wenn Ihre Kleider so eng sitzen«, bemerkte sie. »Aber Mäuse haben manchmal merkwürdige Vorstellungen von Bequemlichkeit.«

»Ich verscheuchte sie, während Sie schliefen«, fuhr er fort, und dann setzte er schluckend hinzu: »Und so ist es passiert.«

»Aber man erkältet sich doch nicht, bloß weil man eine kleine Maus vertreibt«, rief sie mit einer Gedankenlosigkeit, die Theodoric unverständlich war.

Augenscheinlich hatte sie seine mißliche Lage bemerkt und weidete sich nun an seiner Verlegenheit. In seinem ganzen Körper schien das Blut zu einer konzentrierten Schamröte mobil gemacht zu haben, und die Pein der Demütigung – schlimmer als zehntausend Mäuse – lag ihm auf der Seele. Als sich endlich wieder sein Verstand meldete, wich Demütigung dem schieren Entsetzen. Mit jeder verstreichenden Minute raste der Zug näher auf den überfüllten und geschäftigen Bahnhof zu, wo Dutzende von neugierigen Augen gegen das eine lähmende Paar, das ihn aus der anderen Abteilecke beobachtete, vertauscht werden würden. Nur eine winzige verzweifelte Chance bestand noch, und darüber würden die nächsten Minuten entscheiden.

Vielleicht sank seine Reisegefährtin ja noch einmal in einen sanften Schlummer. Doch die Minuten verstrichen, und jene Chance schwand dahin. Die verstohlenen Blicke, die Theodoric ihr von Zeit zu Zeit zuwarf, verrieten ihm nur unveränderte Wachsamkeit.

»Ich glaube, wir sind bald da«, bemerkte sie kurz darauf. Theodoric hatte bereits mit wachsendem Entsetzen die auftauchenden Schornsteine kleiner häßlicher Häuser bemerkt, die das Ende der Reise ankündigten. Die Worte wirkten wie ein Signal. Wie ein gehetztes Tier, das aus der Deckung bricht und sich rasend vor Angst in einen anderen Unterschlupf flüchtet, der ihm vorübergehend Sicherheit bietet, schleuderte er seine Decke beiseite und kämpfte sich in wilder Hast in seine zerknitterten Kleider. Er nahm die an den Fenstern vorbeirasenden öden Vorstadtbahnhöfe wahr, das erstickende, hämmernde Gefühl, das ihm Herz und Kehle zuschnürte, und das eisige Schweigen aus jener Ecke, in die er nicht zu schauen wagte. Als er endlich angezogen und fast dem Wahnsinn nahe auf seinen Sitz zurückgesunken war, verringerte der Zug seine Geschwindigkeit, bis er nur noch langsam dahinkroch. Und die Frau sagte:

»Würden Sie so liebenswürdig sein, mir einen Gepäckträger zu rufen, der mich zu einem Taxi bringt. Es tut mir leid, daß ich Sie belästigen muß, wo Sie sich gar nicht wohl fühlen. Aber als Blinder ist man auf Bahnhöfen immer so hilflos.«

LUIS FERNANDO VERISSIMO

Die Rückkehr

Stürmisches Klopfen am Eingang. Die alte Dame bewegt sich mit Mühe durch das Wohnzimmer des alten Hauses in Richtung Tür. Als sie öffnet, steht ein großer Mann davor, fast doppelt so groß wie sie, der sie erwartungsvoll anlacht.

»Tante«, sagt der Mann.

»Was?«

»Ich bin es, Tante.«

»Du!« ruft die Alte.

Aber dann merkt sie, daß sie gar nicht weiß, wer er ist.

»Wer bist du?«

»Erkennst du mich nicht mehr, Tante?«

Die Alte schaut sich den Mann aufmerksam an. Dann ruft sie aus:

»Es kann nicht sein.«

Überrascht tritt sie ein wenig zurück. Und wiederholt:

»Es kann nicht sein! Es kann nicht sein!«

Dann kommt sie wieder vor und sagt:

»Es kann wirklich nicht sein. Er ist tot. Wer bist du?«

»Überlege, Tante. Du hast mich sehr gemocht.«

»Ja?«

»Ich war das Wichtigste in deinem Leben. Du hast mich umsorgt, mir zu essen gegeben, mir das Bad bereitet ...«

»Ja, ich fange an, mich zu erinnern ...«

»Eines Tages war ich verschwunden und kam nicht mehr zurück. Aber jetzt bin ich wieder da!«

»Du bist zurückgekommen, oh, Rex!«

»Rex?«

»Mein Hündchen, Rex. Mein Knuddeltier. Mein Herz. Du bist wieder da!«

»Nein, Tante. Ich bin nicht der Rex.«

»Wer bist du dann?«

»Tante, hör zu. Ich bin ... der Walter.«

»Nein!«

»Doch!«

»NEIN!«

»Doch, Tante. Doch!«

»ICH KENNE KEINEN WALTER!«

»Dein Lieblingsneffe. Du hast mich großgezogen. Versuche dich zu erinnern, Tante!«

»Ich habe noch nie einen Neffen großgezogen. Schon gar nicht einen namens Walter.«

»Bist du sicher?«

»Absolut. Ich habe schon immer hier gewohnt, und zwar allein.«

»Ist das hier nicht Hausnummer 201?«

»Nein. Hier ist 2001.«

»Mein Gott. Ich habe mich getäuscht. Können Sie mir verzeihen?«

»Alles klar.«

Die Alte macht die Tür zu. Nach einigen Minuten hört sie wieder ein Klopfen. Sie macht auf. Es ist Walter.

»Hören Sie ...« sagt er.

»Was gibt's?«

»Hatten Sie wirklich keinen Neffen namens Walter?«

»Niemals.«

»Und ... hätten Sie nicht gern einen?«

»Also ...«

»Die Hausnummer 201 ist so weit weg von hier. Und da Sie hier allein wohnen ...«

»Na gut«, sagt die Alte zustimmend. »Komm rein.«

Doch sie fügt gleich hinzu:

»Aber Bad gibt's keines!«

KRYSTYNA ŻYWULSKA

Kurschatten

Der Aufenthalt im Sanatorium dauerte zehn Tage. Eigentlich war ich ganz zufrieden, bis zu dem Tag, als eine gutmütige Dame, die an meinem Tisch saß, zu mir sagte: »Das ist alles schön und gut! Aber warum haben Sie keinen Kurschatten?«

»Was ist das, ein Kurschatten?« fragte ich verwundert.

Die Dame beeilte sich, mich aufzuklären.

»Kurschatten ist jemand, mit dem man Spaziergänge macht, ins Café geht, der nette Dinge ins Ohr flüstert, was eine sehr gute Wirkung auf den psychischen Zustand ausübt. Sogar bessere als die der Bäder!«

Hm, dachte ich, warum sollte mir dies eigentlich vorenthalten bleiben? Vielleicht bin ich ja nicht gerade blutjung, aber die Blutjungen fahren ja nicht in ein Sanatorium, sondern zum Nacktbadestrand nach Sylt. Vielleicht bin ich nicht bildhübsch. Aber hier gibt es schließlich keinen Wettbewerb für Schönheitsköniginnen.

Nachdem ich mich derart aufgebaut hatte, durchmaß ich den Saal mit sicherem Blick und merkte, daß der Mann vom Nachbartisch mich mit den Augen verschlang und das überhaupt nicht heimlich, sondern ganz demonstrativ …

Von der Gewißheit belebt, daß mein Nachbar auch einen Kurschatten suchte, traf ich wie zufällig in der Halle auf ihn. Wer von uns beiden dann die Initiative ergriff, ist nicht mehr genau festzustellen; alles passierte so plötzlich, daß wir ein wenig später auf einem ruhigen Waldweg nebeneinander hergingen.

Ich beobachtete ihn verstohlen. Für seine Jahre hatte er sich eigentlich nicht schlecht gehalten. Sein Pullover war modisch giftgrün, sein Mantel tarnte geschickt das leicht vorstehende Bäuchlein. Das Hütchen stammte aus Bayern. Gegen Hütchen aus Bayern habe ich nichts einzuwenden.

Da sagte er: »Könnten Sie nicht einen Moment stehenbleiben?«

»Natürlich«, flüsterte ich erwartungsvoll und wünschte mir, er möge mich wieder so anschauen wie vorhin am Tisch.

»Ich hatte so etwas wie einen Herzinfarkt«, erklärte er mir, »wenn sich etwas Außergewöhnliches nähert, bekomme ich starkes Herzklopfen!«

»Wie subtil er einleitet«, dachte ich entzückt: »Etwas nähert sich, das Herz beginnt zu klopfen ...«

»Und was nähert sich?« fragte ich bedeutsam, denn es war doch vom Herzen die Rede, dem Zentrum aller Gefühle.

»Wie bitte«, sagte er zerstreut, »gleich kommt Bad Wildungen, dort ist auch ein Kurhaus.«

Ich kam zu dem Schluß, daß er keine besondere Praxis in bezug auf Frauen hatte! Ich nahm mir vor, ihn zu ermutigen. Schließlich sind nicht alle Männer zum Casanova geboren, und seine Zurückhaltung spricht für ihn.

»Es ist sehr angenehm, so zu zweit durch den Wald zu gehen, denken Sie nicht?« bemerkte ich verführerisch.

»Stimmt«, gab er zu, »wenn man so nebeneinander marschiert, ist das sehr gut für den Magen!«

Seine Antwort schien mir nicht besonders einleuchtend, doch meinte ich, daß er mit Hilfe eines so unromantischen Wortes wie »Magen« seine echten Empfindungen verbergen wollte. Ich mußte ihm einfach noch mehr entgegenkommen.

»Ich habe Sie früher schon einmal gesehen«, sagte ich und lächelte mit dem schönsten Lächeln, das ich zur Verfügung hatte. »Bestimmt im Wartezimmer«, entgegnete er, »wissen Sie, ich nehme Kohlensäurebäder. Man muß ganz ruhig sitzen dabei, und die Bläschen steigen hoch. Haben Sie das bemerkt?«

»Ich habe es bemerkt«, erwiderte ich und ging unwillkürlich schneller.

Plötzlich sagte mein Begleiter: »Bitte, fassen Sie an!« Er öffnete seinen Mantel und nahm meine Hand: »Hier, mein Herz. Horchen Sie, es schlägt wie ein Hammer! Weil Sie eben zu schnell gegangen sind!«

»Das tut mir leid«, entschuldigte ich mich, während er meine Hand beiseite schob. Obwohl ich die ganze Zeit auf seine Annäherung gewartet hatte, machte mich diese Aktion stumm. Er jedoch war plötzlich gesprächig geworden. Ich erfuhr also, daß Butter noch schlechter für den Kreislauf sei als Zigaretten, daß das Orchester im Kurpark viel zu lange Pausen macht, daß Bananen schlecht auf die Verdauung wirken und daß der Mann, der die Massagen mache, ein Betrüger wäre, denn er massiere nur den oberen Teil vom Kreuz, das Unterteil lasse er vollkommen aus …

Vor der Tür des Sanatoriums habe ich mich entschlossen, ganz direkt zu sein:

»Sagen Sie bitte, warum haben Sie mich beim Frühstück so merkwürdig angeschaut, so …!«

»Sie beim Frühstück? Ach, ja! Sie bekommen zusätzliche Verpflegung. Mir hat man sie verweigert. Auf den Schinken habe ich geschaut! Auf den Schinken!«

FRANZ HOHLER

Die kranken Schwestern

In einem Dorf, in welchem es weder einen Arzt noch ein Spital gab, wurden vor langer Zeit zwei Schwestern gleichzeitig krank, und da sie keine Angehörigen mehr hatten, blieb ihnen nichts anderes übrig, als sich gegenseitig zu pflegen. An einem Tag machte z. B. die erste den Tee und die zweite die Umschläge, und am nächsten Tag umgekehrt. Sie wurden zwar nicht richtig gesund, blieben aber doch am Leben.

Später wurde ein Bauer im Dorf krank, und niemand wußte, was ihm fehlte. Fragt doch die kranken Schwestern, sagte plötzlich der Schmied. Darauf holte man die kranken Schwestern zu diesem Bauern, und sie blieben bei ihm und machten ihm Tee und Umschläge, und schon nach kurzer Zeit war er wieder gesund und konnte aufs Feld gehen.

Von jetzt an fragte man immer, wenn jemand im Dorf krank wurde, die kranken Schwestern um Hilfe, und sie kamen und pflegten den Kranken. Das gab ihnen soviel zu tun, daß sie gar nicht mehr merkten, daß sie eigentlich krank waren, und ihr Ruf verbreitete sich so weit, daß man die Frauen, welche die Kranken pflegen, noch heute die Krankenschwestern nennt, obwohl sie weder Schwestern noch krank sind, wenigstens die allermeisten von ihnen.

SIEGFRIED LENZ

Die Nacht im Hotel

Der Nachtportier strich mit seinen abgebissenen Fingerkuppen über eine Kladde, hob bedauernd die Schultern und drehte seinen Körper zur linken Seite, wobei sich der Stoff seiner Uniform gefährlich unter dem Arm spannte.

»Das ist die einzige Möglichkeit«, sagte er. »Zu so später Stunde werden Sie nirgendwo ein Einzelzimmer bekommen. Es steht Ihnen natürlich frei, in anderen Hotels nachzufragen. Aber ich kann Ihnen schon jetzt sagen, daß wir, wenn Sie ergebnislos zurückkommen, nicht mehr in der Lage sein werden, Ihnen zu dienen. Denn das freie Bett in dem Doppelzimmer, das Sie – ich weiß nicht aus welchen Gründen – nicht nehmen wollen, wird dann auch einen Müden gefunden haben.«

»Gut«, sagte Schwamm, »ich werde das Bett nehmen. Nur, wie Sie vielleicht verstehen werden, möchte ich wissen, mit wem ich das Zimmer zu teilen habe; nicht aus Vorsicht, gewiß nicht, denn ich habe nichts zu fürchten. Ist mein Partner – Leute, mit denen man eine Nacht verbringt, könnte man doch fast Partner nennen – schon da?«

»Ja, er ist da und schläft.«

»Er schläft«, wiederholte Schwamm, ließ sich die Anmeldeformulare geben, füllte sie aus und reichte sie dem Nachtportier zurück; dann ging er hinauf.

Unwillkürlich verlangsamte Schwamm, als er die Zimmertür mit der ihm genannten Zahl erblickte, seine Schritte, hielt den Atem an, in der Hoffnung, Geräusche, die der Fremde verursachen könnte, zu hören, und beugte sich dann zum Schlüsselloch hinab. Das Zimmer war dunkel. In diesem Augenblick hörte er jemanden die Treppe heraufkommen, und jetzt mußte er handeln. Er konnte fortgehen, selbstverständlich, und so tun, als ob er sich im Korridor geirrt habe. Eine andere Möglichkeit bestand darin, in das Zimmer zu treten, in welches er rechtmäßig eingewiesen worden war und in dessen einem Bett bereits ein Mann schlief.

Schwamm drückte die Klinke herab. Er schloß die Tür wieder und tastete mit flacher Hand nach dem Lichtschalter. Da hielt er plötzlich inne: neben ihm – und er schloß sofort, daß da die Betten stehen müßten – sagte jemand mit einer dunklen, aber auch energischen Stimme:

»Halt! Bitte machen Sie kein Licht. Sie würden mir einen Gefallen tun, wenn Sie das Zimmer dunkel ließen.«

»Haben Sie auf mich gewartet?« fragte Schwamm erschrocken; doch er erhielt keine Antwort. Statt dessen sagte der Fremde:

»Stolpern Sie nicht über meine Krücken, und seien Sie vorsichtig, daß Sie nicht über meinen Koffer fallen, der ungefähr in der Mitte des Zimmers steht. Ich werde Sie sicher zu Ihrem Bett dirigieren: Gehen Sie drei Schritte an der Wand entlang, und dann wenden Sie sich nach links, und wenn Sie wiederum drei Schritte getan haben, werden Sie den Bettpfosten berühren können.«

Schwamm gehorchte: er erreichte sein Bett, entkleidete sich und schlüpfte unter die Decke. Er hörte die Atemzüge des anderen und spürte, daß er vorerst nicht würde einschlafen können.

»Übrigens«, sagte er zögernd nach einer Weile, »mein Name ist Schwamm.«

»So«, sagte der andere.

»Ja.«

»Sind Sie zu einem Kongreß hierhergekommen?«

»Nein. Und Sie?«

»Nein.«

»Geschäftlich?«

»Nein, das kann man nicht sagen.«

»Wahrscheinlich habe ich den merkwürdigsten Grund, den je ein Mensch hatte, um in die Stadt zu fahren«, sagte Schwamm. Auf dem nahen Bahnhof rangierte ein Zug. Die Erde zitterte, und die Betten, in denen die Männer lagen, vibrierten.

»Wollen Sie in der Stadt Selbstmord begehen?« fragte der andere.

»Nein«, sagte Schwamm, »sehe ich so aus?«

»Ich weiß nicht, wie Sie aussehen«, sagte der andere, »es ist dunkel.«

Schwamm erklärte mit banger Fröhlichkeit in der Stimme:

»Gott bewahre, nein. Ich habe einen Sohn, Herr ... (der andere nannte nicht seinen Namen), einen kleinen Lausejungen, und seinetwegen bin ich hierhergefahren.«

»Ist er im Krankenhaus?«

»Wieso denn? Er ist gesund, ein wenig bleich zwar,

das mag sein, aber sonst sehr gesund. Ich wollte Ihnen sagen, warum ich hier bin, hier bei Ihnen, in diesem Zimmer. Wie ich schon sagte, hängt das mit meinem Jungen zusammen. Er ist äußerst sensibel, mimosenhaft, er reagiert bereits, wenn ein Schatten auf ihn fällt.«

»Also ist er doch im Krankenhaus.«

»Nein«, rief Schwamm, »ich sagte schon, daß er gesund ist, in jeder Hinsicht. Aber er ist gefährdet, dieser kleine Bengel hat eine Glasseele, und darum ist er bedroht.«

»Warum begeht er nicht Selbstmord?« fragte der andere.

»Aber hören Sie, ein Kind wie er, ungereift, in solch einem Alter! Warum sagen Sie das? Nein, mein Junge ist aus folgendem Grunde gefährdet: Jeden Morgen, wenn er zur Schule geht – er geht übrigens immer allein – jeden Morgen muß er vor einer Schranke stehenbleiben und warten, bis der Frühzug vorbei ist. Er steht dann da, der kleine Kerl, und winkt, winkt heftig und freundlich und verzweifelt.«

»Ja und?«

»Dann«, sagte Schwamm, »dann geht er in die Schule, und wenn er nach Hause kommt, ist er verstört und benommen, und manchmal heult er auch. Er ist nicht imstande, seine Schularbeiten zu machen, er mag nicht spielen und nicht sprechen: das geht nun schon seit Monaten so, jeden lieben Tag. Der Junge geht mir kaputt dabei!«

»Was veranlaßt ihn denn zu solchem Verhalten?«

»Sehen Sie«, sagte Schwamm, »das ist merkwürdig:

Der Junge winkt, und – wie er traurig sieht – es winkt ihm keiner der Reisenden zurück. Und das nimmt er sich so zu Herzen, daß wir – meine Frau und ich – die größten Befürchtungen haben. Er winkt, und keiner winkt zurück; man kann die Reisenden natürlich nicht dazu zwingen, und es wäre absurd und lächerlich, eine diesbezügliche Vorschrift zu erlassen, aber …«

»Und Sie, Herr Schwamm, wollen nun das Elend Ihres Jungen aufsaugen, indem Sie morgen den Frühzug nehmen, um dem Kleinen zu winken?«

»Ja«, sagte Schwamm, »ja.«

»Mich«, sagte der Fremde, »gehen Kinder nichts an. Ich hasse sie und weiche ihnen aus, denn ihretwegen habe ich – wenn man's genau nimmt – meine Frau verloren. Sie starb bei der ersten Geburt.«

»Das tut mir leid«, sagte Schwamm und stützte sich im Bett auf. Eine angenehme Wärme floß durch seinen Körper; er spürte, daß er jetzt würde einschlafen können.

Der andere fragte: »Sie fahren nach Kurzbach, nicht wahr?«

»Ja.«

»Und Ihnen kommen keine Bedenken bei Ihrem Vorhaben? Offener gesagt: Sie schämen sich nicht, Ihren Jungen zu betrügen? Denn, was Sie vorhaben, Sie müssen es zugeben, ist doch ein glatter Betrug, eine Hintergehung.«

Schwamm sagte aufgebracht: »Was erlauben Sie sich, ich bitte Sie, wie kommen Sie dazu!« Er ließ sich fallen, zog die Decke über den Kopf, lag eine Weile überlegend da und schlief dann ein.

Als er am nächsten Morgen erwachte, stellte er fest, daß er allein im Zimmer war. Er blickte auf die Uhr und erschrak: bis zum Morgenzug blieben ihm noch fünf Minuten, es war ausgeschlossen, daß er ihn noch erreichte.

Am Nachmittag – er konnte es sich nicht leisten, noch eine Nacht in der Stadt zu bleiben – kam er niedergeschlagen und enttäuscht zu Hause an.

Sein Junge öffnete ihm die Tür, glücklich, außer sich vor Freude. Er warf sich ihm entgegen und hämmerte mit den Fäusten gegen seinen Schenkel und rief:

»Einer hat gewinkt, einer hat ganz lange gewinkt.«

»Mit einer Krücke?« fragte Schwamm.

»Ja, mit einem Stock. Und zuletzt hat er sein Taschentuch an den Stock gebunden und es so lange aus dem Fenster gehalten, bis ich es nicht mehr sehen konnte.«

RAFIK SCHAMI

Modern Times

Mein Sohn bekommt soviel Spielzeug in einem Jahr, wie ich in meiner ganzen Kindheit nicht bekommen habe. Aber nur um wenige Geschenke beneide ich ihn. Eine wunderschöne große Wandtafel etwa, an der er heute schon viel mutiger mit Kreide schreibt als ich im Abiturjahr. In der Schule an der Tafel zu stehen, war für mich der reine Horror. Meine Schrift, ansonsten schön und geschwungen, wurde da so krakelig, als führten die Hühner meiner Großmutter mir die Hand.

Auch eine kleine Mineraliensammlung, die mein Sohn von demselben großzügigen Ehepaar geschenkt bekam wie die Wandtafel, erfreut mein Herz bei jedem Anblick. Ich träumte als Kind immer davon, einen Edelstein zu finden, und unternahm halsbrecherische Klettertouren und holte mir schmerzhafte Schürfwunden beim Kriechen durch felsige Höhlen und Tunnel, doch gefunden habe ich nie etwas – und er hat eine ganze Schachtel voller glitzernder Schönheit einfach nur so bekommen!

Letzte Woche schenkte ihm eine Freundin eine Wanduhr, aus der zu jeder vollen Stunde eine Vogelstimme ertönt: Die Nachtigall singt um eins, die Lerche tiriliert um zwei, der Sperling tschilpt um drei, die Drossel pfeift um vier, der Kanarienvogel trillert um fünf, die Amsel flötet um sechs, der Distelfink zwitschert um sieben und so weiter. Jeden Vogel hört man zweimal hintereinander. Die ausgeklügelte Elektronik ermöglicht eine herrliche Wiedergabe seines Gesangs. Er ist so lebensecht, daß eine Nachbarin, die ahnungslos im Zimmer meines Sohnes dessen Zeichnungen anschaute, sich fast zu Tode erschreckte, als hinter ihr plötzlich laut ein Uhu rief.

Vor zwei Tagen klingelte mein Wecker um fünf vor sechs. Ich wachte auf, lächelte und schloß noch einmal die Augen, um mir noch ein paar Minuten zu ermogeln, bevor der Alltag jede Ruhe raubt. Punkt sechs hörte ich die Amsel zweimal hintereinander. Dann flötete sie zum dritten, vierten, fünften Mal.

Sie hörte gar nicht mehr auf. Immer wieder sang die Amsel von neuem, als hinge eine Schallplatte an einer Rille fest.

»Oje, die Uhr ist kaputt«, sagte ich traurig. Heutzutage kann man solche Dinge nicht mehr reparieren. Meine Frau wachte auf und fragte verschlafen: »Was ist denn los?«

»Die Uhr ist kaputt. Normalerweise singt jeder Vogel nur zweimal, und jetzt hört die Amsel überhaupt nicht mehr auf.«

Meine Frau lauschte kurz.

»Hongkong«, sagte sie nur, drehte sich um und genoß ihrerseits die Ruhe vor dem Sturm.

Und das Lied der Amsel nahm einfach kein Ende. Ich stand auf und wollte die Batterien aus der Uhr herausnehmen.

Aber auf dem Weg merkte ich plötzlich, daß der Gesang nicht aus dem Zimmer meines Sohnes, sondern vom Fenster kam. Ich schaute hinaus. Eine Amsel saß auf der Fensterbank und begrüßte fröhlich den neuen Tag.

RENÉ GOSCINNY

Luise

Mama hat gesagt, sie bekommt Besuch. Eine Freundin von ihr kommt zum Tee und bringt ihr kleines Mädchen mit, und ich war gar nicht besonders froh darüber. Ich kann kleine Mädchen nicht ausstehen, die sind blöd und können nichts anderes spielen als Kaufladen und mit Puppen. Und alle naselang heulen sie. Ich weine natürlich auch manchmal, aber nur, wenn es wirklich schlimm ist, so wie neulich, als die Vase im Salon kaputtging, und wo Papa mit mir geschimpft hat, und das war ganz schrecklich ungerecht, weil ich es doch nicht mit Absicht getan hab und wo die Vase sowieso so häßlich war. Und ich weiß schon, daß Papa es nicht gern hat, wenn ich im Zimmer Ball spiele, aber draußen hat es geregnet.

»Du wirst sehr nett und höflich sein zu Luischen«, hat Mama mir gesagt, »sie ist ein reizendes kleines Mädchen, und du mußt zeigen, daß du gut erzogen bist.«

Wenn Mama zeigen will, daß ich gut erzogen bin, zieht sie mir den blauen Anzug an und das weiße Hemd, wo man drin aussieht wie ein Hanswurst. Ich habe zu Mama gesagt, ich will lieber mit den anderen Jungen ins Kino und den Cowboy-Film ansehen, aber Mama hat mich groß angeguckt, und dann muß man sich vorsehen.

»Also, ich bitte dich, sei nicht so roh mit dem kleinen Mädchen – sonst kriegst du es mit mir zu tun, verstanden?« hat Mama gesagt. Um vier Uhr ist die Freundin von Mama gekommen und hat ihr kleines Mädchen mitgebracht. Mamas Freundin hat mir einen Kuß gegeben und hat gesagt: Du bist aber schon ein großer Junge – das sagen alle zu mir, und dann hat sie gesagt, das ist Luischen, und Luischen und ich, wir haben uns angesehen. Sie hat ganz gelbes Haar und Zöpfe und blaue Augen, und ihre Nase und ihr Kleid sind ganz rot gewesen. Wir haben uns schnell die Hand gegeben, nur mit den Fingerspitzen. Mama hat den Tee aufgetragen, und das war prima, weil wenn Leute zum Tee kommen, gibt es Schokoladenkuchen, und man darf zweimal nehmen. Wir haben Kuchen gegessen, und Luischen und ich, wir haben keinen Ton gesagt. Wir haben gegessen und uns nicht angeguckt. Hinterher hat Mama gesagt: »Jetzt geht spielen, liebe Kinder. Nick, du gehst mit Luischen auf dein Zimmer und zeigst ihr deine schönen Spielsachen.« Mama hat ganz süß dabei gelächelt, aber gleichzeitig hat sie große Augen gemacht, so daß man gleich weiß, man muß sich vorsehen. Luischen und ich, wir sind auf mein Zimmer gegangen, und ich hab nicht gewußt, was ich mit ihr sprechen soll. Aber Luischen hat zuerst was gesagt, sie hat gesagt: »Du siehst aus wie ein Affe.« Das hat mir gar nicht gefallen, und ich habe gesagt: »Und du, du bist nur ein Mädchen«, und da hat sie mir eine Ohrfeige gegeben. Ich hätte beinahe angefangen zu weinen, aber ich hab mich zusammengenommen, weil Mama doch gern will, daß ich gut erzogen bin. Und da hab ich Luischen am Zopf gezogen, und sie hat mich gegen das Schienbein getreten. Da mußte ich ja doch ›ujie‹ schreien, weil es so wehtat. Ich wollte ihr eine reinhauen, aber da hat Luischen von was anderem angefangen, sie hat zu mir gesagt: »Na, und deine Spielsachen? Krieg ich die jetzt zu sehen oder nicht?« Ich wollte ihr gerade sagen: meine Spielsachen sind Spielsachen für Jungen, basta – aber da hat sie meinen kleinen Plüschbären gesehen, den ich halb geschoren habe mit Papas Rasierapparat. Ich habe ihn nur halb rasiert, weil der Rasierapparat dabei kaputtging. »Was, du spielst mit Puppen?« hat Luischen gefragt und hat gelacht. Ich wollte sie an den Zöpfen ziehen, und Luischen hat schon ausgeholt, um mir eine zu kleben, da ging die Tür auf, und unsere Mamas kamen herein, alle beide. »Na, Kinder«, hat Mama gesagt, »spielt ihr auch schön?« »O ja«, hat Luischen gesagt und hat die Augen ganz weit aufgerissen dabei, und dann hat sie die Augendeckel ganz schnell rauf und runter geklappt, und Mama hat ihr einen Kuß gegeben und hat gesagt: »Reizend, also wirklich, ganz bezaubernd. Ein richtiges kleines Nesthäkchen.« Und Luischen hat wieder ganz toll mit den Augendeckeln geklappert. »Zeig Luischen auch mal deine schönen Bilderbücher«, hat Mama gesagt, und die andere Mama hat gesagt, wir sind zwei reizende kleine Nesthäkchen. Und dann sind sie raus.

Ich habe meine Bücher vom Bücherbrett runtergeholt und hab sie Luischen gegeben. Aber sie hat sie gar nicht angesehen, sondern auf die Erde geschmissen, sogar das, wo eine Masse Indianer drin vorkommen – Klasse! »Pöh, Bücher – das interessiert mich nicht«, hat sie zu mir gesagt. »Hast du nicht was Lustigeres?« Und dann hat sie auf dem Bücherbrett mein Flugzeug entdeckt, mein prima Flugzeug mit Gummimotor, und es ist ganz rot und fliegt klasse.

»Laß das liegen«, hab ich gesagt, »das ist nichts für Mädchen – das ist mein Flugzeug!« Und ich hab versucht, ihr das Flugzeug wieder abzunehmen, aber Luischen hat sich losgemacht. »Ich bin eingeladen«, hat sie gesagt. »Ich darf mit deinen Sachen spielen, mit allen – und wenn du mich nicht spielen läßt, dann rufe ich meine Mama, und dann werden wir ja sehen!« Ich hab nicht gewußt, was ich machen soll, ich wollte natürlich nicht, daß sie es kaputtmacht, das Flugzeug. Aber ich wollte auch nicht, daß sie ihre Mama ruft, weil, nämlich, so was gibt immer Theater. In der Zeit, wo ich nachgedacht hab, hat Luischen am Propeller gedreht und den Gummimotor aufgezogen. Und dann hat sie das Flugzeug losgelassen. Sie hat es aus meinem Zimmerfenster rausgelassen, das offen war. Und das Flugzeug ist abgebrummt. »Da siehst du, was du gemacht hast – so ein Blödsinn!« hab ich geschrien. »Mein schönes Flugzeug – jetzt ist es kaputt!« Und ich hab angefangen zu weinen. »Ist ja gar nicht wahr«, hat Luischen gesagt. »Guck mal, da unten im Garten, da liegt es! Wir brauchen es nur zu holen.«

Wir sind runter in den Salon, und ich hab Mama gefragt: Können wir in den Garten gehen, spielen? Mama hat gesagt, es ist zu kalt. Aber Luischen hat wieder den Trick mit den Augendeckeln gemacht, sie hat gesagt, sie möchte gern die hübschen Blumen sehn. Da hat meine Mama gesagt, sie ist ein reizendes Geschöpfchen, und wir sollen uns nur ja warm anziehen, wenn wir rausgehen. Ich muß das mit dem Augendeckelklappen unbedingt lernen – eine ganz tolle Masche, und funktioniert prima!

Unten im Garten hab ich das Flugzeug aufgehoben – war nichts passiert, zum Glück. Und Luischen hat zu mir gesagt, was sollen wir machen? »Ich weiß nicht«, hab ich gesagt, »du hast ja die Blumen angucken wollen, na bitte, da sind sie, jede Menge.«

Aber Luischen hat gesagt, sie macht sich einen Dreck aus Blumen, und unsere Blumen sind der letzte Dreck. Ich hatte richtig Lust, ihr eins auf die Nase zu geben, aber ich habe mich nicht getraut, weil, nämlich, vom Salonfenster aus kann man in den Garten sehen, und unsere beiden Mamas saßen im Salon. »Ich habe keine Spielsachen hier draußen«, habe ich gesagt, »außer meinem Fußball, der liegt in der Garage.« Luischen hat gesagt, das ist eine prima Idee. Wir haben den Ball geholt, und ich kam mir saublöd vor – ich hab Angst gehabt, daß meine Kameraden mich sehn, wie ich mit Mädchen spiele. »Stell dich da zwischen die beiden Bäume«, hat Luischen gesagt, »so – und jetzt wollen wir mal sehen, ob du halten kannst.« Na, ich hab gedacht, das ist ja ’ne Marke, da kann man ja nur drüber lachen – aber schon ist sie angelaufen und – bumm – ein toller Schuß! Ich habe den Ball nicht halten können, und klirr – eine Scheibe vom Garagenfenster war hin. Die Mamas sind aus dem Haus rausgekommen, und meine Mama hat sich das Garagenfenster angesehen und hat gesagt aha! »Nicki!« hat sie gesagt. »Du solltest dich lieber um deine Gäste kümmern, anstatt so rohe Spiele zu spielen. Vor allem, wenn deine Gäste so liebenswürdig sind wie Luischen.« Ich hab Luischen angeguckt, aber sie war ganz hinten im Garten und hat an den Blumen gerochen – besonders an den Begonien.

Am Abend habe ich keinen Nachtisch gekriegt zur Strafe. Aber macht nichts – Luischen ist Klasse. Und wenn ich groß bin, wird geheiratet!

Die hat einen tollen Schuß!

HELGA LEEB

Jonathan leidet an Grippe

Jonathan hat sechs- bis siebenmal im Jahr Sommergrippe. Auch im Winter. Und meistens am Wochenende.

Es ist Sonntag. Ich eile glänzend gelaunt die Treppe hinunter, denn am Sonntag macht Jonathan das Frühstück. Der Duft nach frischem Toast liegt in der Luft. Ich reiße die Eßzimmertür auf, trompete »Guten Morgen«, werfe einen erwartungsvollen Blick in Richtung Kaffeetisch und sehe: Jonathan sitzt nicht dran. Ich wende mich suchend zu der kleinen weißen Couch neben dem Bücherregal. Jonathan lehnt mit Grabesmiene in den Kissen, schaut mir vorwurfsvoll über den Rand seiner Brille entgegen und fragt: »Hast du gut geschlafen?«

»Wunderbar«, erwidere ich in bereits leicht gedämpftem Tonfall. »Und du?«

»Ich habe die ganze Nacht kein Auge zugetan«, teilt mir Jonathan mit gramzerfurchter Stirn mit. »Ich fühle mich total erschöpft und geschwächt. Die Eier, der Schinken und die Honigsemmel haben mir überhaupt nicht geschmeckt. Ich glaube, ich habe eine verschleppte Sommergrippe.«

»Du Armer«, sage ich mitleidsvoll. »Läuft deine Nase? Glaubst du, du kriegst einen Schnupfen?«

»Nein, die Nase ist in Ordnung«, erklärt Jonathan matt. Er habe nur eine Art Schüttelfrost verspürt, als er aus dem warmen Bett gestiegen sei und ohne Morgenmantel vom Balkon aus die Wetterlage überprüft habe.

»Und Halsweh? Hast du Schmerzen beim Schlucken?«

Jonathan räuspert sich, lauscht in sich hinein, räuspert sich nochmals. »Nein, richtiges Halsweh ist es wohl nicht, obwohl mir scheint, daß meine Stimme beim Sprechen ein bißchen rauh klingt.«

»Da irrst du dich«, beruhige ich ihn. »Deine Stimme hat nun einmal dieses männliche, tiefe Timbre. Aber vielleicht hast du nachts gehustet?«

Nein, habe er mit Sicherheit nicht. Das wäre ihm aufgefallen, wo er sich doch praktisch die ganze Nacht lang schlaflos im Bett herumgewälzt habe. Er tippe eher auf Fieber oder zumindest stark erhöhte Temperatur.

Ich lege meine Hand auf Jonathans von grauweißen Haarstoppeln umwucherte Stirn. Sie fühlt sich angenehm kühl an.

Trotzdem hat Jonathan – daran besteht kein Zweifel – Sommergrippe. Eine von der leichten Art zwar, aber gerade deshalb besonders heimtückisch. Dummerweise wollten gerade heute meine Mutter und Onkel Albert zum Mittagessen kommen. Das geht natürlich auf keinen Fall, wenn sich Jonathan krank fühlt. Er hält diese verwandtschaftliche Konstellation ja kaum in gesundem Zustand aus.

Ich sage die Einladung ab. »Jonathan hat eine Sommergrippe.«

»Jetzt, Ende November?« röhrt Onkel Albert ungläubig ins Telephon.

Ich erkläre, daß Ende November bei Jonathan eine ganz typische Zeit für eine verschleppte Sommergrippe ist.

Nachmittags wollten wir ins Kino gehen. »Das lassen wir lieber«, sage ich zu Jonathan.

»Müssen wir wohl«, seufzt er. »Es tut mir wirklich leid für dich. Mich interessiert der Film ja sowieso nicht besonders. Wenn ihn Ponkie von der ›Abendzeitung‹ gut findet, dann ist es mehr ein Film für dich. Möchtest du vielleicht alleine hingehen?«

»Auf keinen Fall«, protestiere ich. »Wenn mein Mann Sommergrippe hat, gehe ich doch nicht ins Kino.«

Jonathan ist gerührt.

Jonathan wird jetzt verwöhnt. Michi holt die Sonntagszeitungen von der Tankstelle, Christian ein kühles, aber nicht zu kühles Bier aus dem Keller, ich Jonathans Buch aus dem Schlafzimmer im ersten Stock, Christian die warmen Winterhausschuhe aus dem Regal im Keller, ich vorsichtshalber den leichten Cashmereschal aus der Kommode im ersten Stock, Michi die Wolldecke aus dem Gästezimmer im Keller, ich diese wunderbaren Antigrippetropfen auf Pflanzenbasis aus der Apotheke. Die hat leider zu, weil es Sonntag ist. Im nächsten Stadtviertel gibt es eine geöffnete Apotheke mit Notdienst.

Ein Kranker fühlt sich ziemlich deprimiert, wenn er so lange allein gelassen wird, findet Jonathan, als ich mit den Tropfen zur Tür hereinstürze.

Hoffentlich kriegt Jonathan nicht auch noch Kopfschmerzen.

»Spürst du schon was?«

»Nein, noch nicht, aber du weißt ja, wenn ich meine Sommergrippe habe, können sie ganz plötzlich auftreten.«

Da liest Jonathan vorher lieber noch schnell die Fußballberichte. Er stöhnt während des Lesens ab und zu leise, blättert um, stöhnt wieder ein bißchen und vergißt dann zu stöhnen und die Hand prüfend auf den Hinterkopf zu pressen, weil es so unglaublich spannend ist, aus der Zeitung zu erfahren, was wir gestern alle am Bildschirm gesehen haben, nämlich, daß der FC Bayern 2 zu 0 gegen Werder Bremen gewonnen hat. Da wird sich Trainer Rehhagel grämen.

Ich bereite inzwischen das für die Gäste geplante Mittagessen in leicht vereinfachter Form vor, weil es den Söhnen erfahrungsgemäß mehr auf die Menge als auf die lukullische Vielfalt ankommt und Jonathan Sommergrippe und deshalb keinen Appetit hat.

Ob er sich nicht ein wenig hinlegen wolle, frage ich besorgt zwischen Kartoffeldampf und leise vor sich hinschmurgelnder Bratensoße aus der Küche.

»Nein, nein«, winkt Jonathan mit matter Geste ab. »Ich leiste euch beim Essen Gesellschaft.«

Wir sagen alle drei, das sei wirklich nicht nötig. Aber er will uns doch nicht das gemütliche Essen verderben, nur weil er sich so geschwächt fühlt.

Also sitzt Jonathan zusammengesunken und hohläugig an seinem Stammplatz und nimmt symbolisch ein bißchen vom Fleisch und der Soße und eine winzige Kartoffel – und ob er wohl Salat verträgt? Ein wenig kann nicht schaden. Vitamine sind bei Grippe immer gut. Dann greift er nochmals zum Braten und zu den Kartoffeln. Nein, richtigen Appetit hat er nicht, er muß nur darauf achten, daß er nicht noch schwächer wird. Um die letzte Scheibe Braten ringen Michi und Jonathan, indem sie gleichzeitig mit ihren Gabeln hineinstoßen. Sie einigen sich schließlich darauf, sie zu teilen.

Christian sagt: »Hoffentlich wird dir nicht schlecht, Papa.«

Jonathan sagt: »Es wäre kein Wunder. Eine verschleppte Sommergrippe schlägt sich häufig auf den Magen.«

Ich werfe Christian einen warnenden Blick zu und sage: »Ich glaube, es ist am besten, Jonathan legt sich jetzt ins Bett.«

»Gute Idee«, findet Jonathan und steht schwerfällig vom Tisch auf. »Den Nachtisch könnt ihr mir ja für später aufheben.«

Ich erkundige mich, ob er gestützt werden möchte.

»Nein, irgendwie wird's schon gehen«, murmelt er, klammert sich ans Treppengeländer und steigt seufzend Stufe für Stufe hinauf.

Ich fühle mich ein wenig schuldbewußt.

Oben ruft er: »Könnte mir vielleicht jemand mein Buch bringen, und ich glaube, eine Tasse Pfefferminztee täte mir gut.«

Ich fühle mich überhaupt nicht mehr schuldbewußt.

Gegen drei Uhr – ich bin gerade mit der Küche fertig und habe mich zu einer Tasse Kaffee niedergesetzt – hört man schwere Schritte auf der Treppe.

Michi schaut von seinem Buch auf und stellt trocken fest: »Der Papa fadisiert sich«, was soviel heißt wie: Dem Papa ist es fad, oder auf hochdeutsch: Der Papa langweilt sich.

Jonathan taucht in der Tür auf. Es gehe ihm ein kleines bißchen besser, teilt er mit. Und nachdem wir keine Gäste hätten und auch nicht ins Kino gegangen seien, habe er beschlossen, ein paar längst fällige Arbeiten in Haus und Garten zu erledigen.

»Oh, nein«, seufzt Michi halblaut und versucht unauffällig durch die hintere Wohnzimmertür zu verschwinden.

»Ich hab ganz vergessen, daß ich noch Latein machen muß«, fällt Christian ein.

»Die Hauptsache ist, ihr seid in der Nähe. Es könnte sein, daß ich Hilfe brauche«, ruft Jonathan den beiden nach.

»Muß es denn am Sonntag sein?« frage ich sanft. »Noch dazu, wenn du Grippe hast und dich schon den ganzen Tag hindurch geschwächt fühlst?«

»Wann sollen diese Dinge denn sonst geschehen?« erwidert Jonathan.

»Welche Dinge?«

»Na, etwa die Dachrinne von alten Blättern reinigen, das Gartentor von innen streichen, den Ast absägen, den der Sturm neulich angeknickt hat – eben alle diese Dinge, die erledigt werden müssen, um dieses Haus und diesen Garten in Ordnung zu halten.«

Ich sage – und mein Tonfall klingt womöglich eine Spur schärfer, als er es einem Kranken gegenüber sein sollte: »Wenn ich mich recht erinnere, habe in den letzten zwanzig Jahren vorwiegend ich dieses Haus und diesen Garten in Ordnung gehalten. Ich weiß nicht, wieviel Säcke Laub ich auch in diesem Herbst wieder zusammengekehrt und weggefahren habe, wie viele Tulpenzwiebeln ich aus- und wieder eingebuddelt habe. Die vergammelten Bastmatten am hinteren Zaun hab ich ersetzt und die verfaulten Äpfel und Zwetschgen vom Nachbarn aus dem Rosenbeet geklaubt, ganz zu schweigen davon, daß ich kübelweise guten, schwarzen Humus produziert habe, weil ich mich als einzige um den blöden Komposthaufen kümmere und ihn umsteche und durchlüfte, bis ich mich vor Rückenschmerzen kaum noch an der Schreibmaschine aufrecht halten kann.« Ich fühle mich großartig und komme immer mehr in Fahrt. Ich muß nur mal schnell durchatmen.

»Und wer hält die Schächte von den Kellerfenstern sauber?« fahre ich fort. »Wer besticht die Tonnenmänner, daß sie die alten Gartenmöbel und die zerfetzte Markise mitnehmen? Und wer räumt dauernd das Chaos in der Garage auf und wirft die uralten, verrosteten leeren Farbtöpfe und unbrauchbaren Eisentrümmer und Schrauben weg?«

»Jeder weiß, daß du das bist«, sagt Jonathan ein wenig erschrocken. »Deswegen findet man auch nie etwas in der Garage.«

»Es ist unfair, daß du plötzlich die paar Blätter in der Dachrinne und den dämlichen Ast, der noch ganz fest sitzt und den sowieso keiner sieht, erwähnst. Noch dazu, wo du Sommergrippe hast.«

Ich muß plötzlich ein bißchen schlucken und mein Taschentuch suchen und tue mir sehr leid.

»Nimm dir meine Grippe doch nicht so zu Herzen«, sagt Jonathan tröstend. »Es geht mir ja schon wieder besser. Im übrigen weiß ich doch, daß du eine Menge machst, aber es bleibt eben immer noch genug zu tun. Ich schlage vor, du ruhst dich jetzt gemütlich auf der Couch aus und läßt mich tun, was getan werden muß.«

Er geht hoch aufgerichtet und entschlossen – ganz Held der Prärie – in den Garten.

Fünf Minuten später höre ich Jonathan rufen: »Wo sind die Gummistiefel?«

Ich brülle: »Rechts hinter der Garagentür.«

Kurze Pause.

»Ich kann sie nicht finden.«

Ich brülle: »Ich komme.«

Die Stiefel stehen rechts hinter der Garagentür. Ich helfe Jonathan beim Hineinschlüpfen. Dann hole ich ihm einen Anorak und eine Mütze, dann eile ich die Treppe hinauf und sage Michi und Christian, daß Jonathan jemanden braucht, der ihm hilft, die Leiter ans Dach zu lehnen, weil ihm ein wenig schwindlig ist.

Michi trottet herbei, lehnt die Leiter ans Dach, will sich zurückziehen. Jonathan findet, jemand muß die Leiter festhalten, wenn er draufsteht. Während Michi die Leiter hält, reicht Christian Jonathan abwechselnd Schaufel und Eimer, ich kehre die schwarzen, fauligen Blätter, die Jonathan schwungvoll herunterkippt, vom Kiesweg.

Jonathan braucht jetzt eine Säge. Christian holt sie aus der Garage. Michi zieht den Ast herunter, daß Jonathan ihn bequem erreicht. Nach zwei Minuten hat ihn Jonathan abgesägt und zur Tonne geschleift. Christian und ich brauchen das Ungetüm nur noch ein wenig kleinzumachen – vielleicht mit dem Fuchsschwanz oder einfach, indem wir die sperrigen Seitenzweige erst mal abbrechen. Das sticht gemein, aber irgendwo gibt es Handschuhe.

Jonathan macht die ungewohnte Arbeit richtig Spaß. Er sagt, Christian soll ihm in der Garage schwarze Ölfarbe suchen. Christian findet nur grüne Ölfarbe. Michi kriecht unter dem untersten Regal hervor und sagt, es gebe nur einen einzigen Pinsel und der sei steinhart. Jonathan glaubt, den müsse man nur fachmännisch auswaschen, und drückt ihn mir vertrauensvoll zusammen mit einer Flasche Terpentin in die Hand. Leider ist der Wasserhahn im Garten wegen der drohenden Frostgefahr schon abgesperrt. Christian saust in den Keller, Michi findet nach mehreren Versuchen die passende Zange, Jonathan gibt durchs Kellerfenster Anweisungen, wie man die entscheidende Schraube lockert, mir schießt ein Schwall Wasser in die Gummistiefel. Den Pinsel kriege ich nach einer Weile tatsächlich in der stinkenden, graugrünen Brühe, die den Eimer füllt, weich.

Jonathan findet es schade, daß mir dabei ein paar Spritzer auf den Plattenweg geraten sind. Christian breitet jetzt viele alte Zeitungen unterm Gartentor aus, Michi holt einen Hocker, Jonathan setzt sich drauf und streicht alles, was am Gartentor schwarz und ein wenig angerostet aussieht, grün an.

Ich überlege, wie lange unser Malermeister, Herr Wurrler, brauchen wird, um alles wieder schwarz zu überstreichen und zuvor fachmännisch zu entrosten. Es wird ziemlich teuer werden.

Michi und Christian bewundern eine Weile, wie schön Jonathan alles anstreicht, dann sagt Michi: »Weißt du noch, Papa, wie du einmal die Nordwand vom Haus ausgebessert hast, und am nächsten Tag war alles voller riesiger weißer Flecken, weil der Untergrund grau und auch keine Ölfarbe war?«

Ich sage zu Michi, ob er nicht Mathe üben müsse. Er muß.

Es ist inzwischen halb sechs Uhr und fast dunkel. Jonathan erhebt sich, stellt fest, wie gut es tut, einmal so richtig in Haus und Garten zu arbeiten, und wankt ins Wohnzimmer, wo er sich gleich hinlegen muß. Ich sammle Gummischuhe, Eimer, Farbe, Pinsel, Arbeitsmantel und alte Zeitungen ein und folge ihm.

Jonathan bekommt jetzt einen Tee mit Rum und greift hilflos zur Fernbedienung des Fernsehapparates. Er erreicht sie nicht, weil er sich dazu aus dem Sessel aufrichten und einen Schritt nach vorn machen müßte. Aber dazu ist er zu schwach. Er nimmt sie dankbar aus meiner Hand entgegen.

»Wirklich zu dumm, daß ich wieder mal meine Sommergrippe hatte«, seufzt er. »Andererseits ist so ein Sonntag, an dem mal gar nichts los ist, auch recht gemütlich. Findest du nicht?«

Als er keine zustimmende Antwort hört, blickt Jonathan irritiert vom Bildschirm auf und gleich wieder hin, weil Olaf Thon zu einem Freistoß anläuft. »Nein, das gibt's doch nicht«, brüllt Jonathan, springt vom Sessel auf und ringt die Hände, während Olaf Thon verzweifelt mit den Fäusten auf den Rasen hämmert.

»Also, was ich sagen wollte«, beginnt Jonathan aufs neue. »Nächsten Sonntag laden wir deine Mutter und Onkel Albert zum Essen ein und dann gehen wir in diesen Film, den die Ponkie so überschwenglich besprochen hat.«

»Für nächsten Sonntag haben wir Theaterkarten«, erinnere ich Jonathan. »Außerdem wollten wir mit Tamara und ihrem dicken Butzi spazierengehen.«

»Na und?« erwidert Jonathan. »Wenn deine Mutter und Onkel Albert um zwölf zum Essen kommen, dann erwischen wir leicht die Zweiuhrvorstellung im City und können ab halb fünf gemütlich mit Tamara und ihrem dicken Butzi an der Isar spazierengehen. In den Kammerspielen fangen sie ja immer erst um halb acht Uhr an.«

»Ist das nicht ein bißchen viel auf einmal?« seufze ich.

»Ach, weißt du, nach einem so ruhigen Sonntag wie diesem …«, sagt Jonathan, und dann ruft er glücklich: »Toooor!«

JO HANNS RÖSLER

Münchner Oktoberfest

Dieses Jahr gehe ich nicht auf das Oktoberfest. Ich bin mit meinen Jahren über die Freude des Karussellfahrens hinaus, ich kenne die Bürgermeisterin der Liliputaner ebensogut wie die Dame ohne Unterleib, die sich früher dreimal täglich auf offener Bühne zersägen ließ. Das waren alles Freuden und Vergnügen, als meine Kinder noch klein waren, als ich für sie in den Schießbuden Ansteckblumen schoß, Nägel einschlug und mit Bällen nach Blechbüchsen warf. Da war unser Wiesensonntag ein unverrückbarer Festtag im Jahr. Selbst wenn es Schusterbuben vom Himmel heruntergeregnet hätte, wir hätten uns nicht abhalten lassen, die Budenstadt zu besuchen und uns mit türkischem Honig, gebrannten Mandeln und gesponnenem Zucker den Magen zu verderben. Wir haben kein Jahr den Wiesenbesuch ausgelassen, auch später nicht, als meine Töchter schon erwachsen geworden waren und fragten: »Vater, hättest du etwas dagegen, wenn ich Peter oder Walter mitbringe? Ich verzichte zu seinen Gunsten auf mein Wiesenhuhn.« Sie haben natürlich nicht verzichten müssen, weder Christine noch Josefine. Je älter ein Töchtervater wird, desto tiefer muß er in die Tasche greifen.

Inzwischen haben meine Töchter geheiratet, Josefine ihren Peter und Christine ihren Walter. Jetzt gehen sie zur Wiesenzeit allein hinaus, oft zwei Tage hintereinander, und können sich aus der eigenen Tasche ein

Wiesenhuhn kaufen. Es beruhigt mich als Vater, die Töchter gut versorgt zu wissen, aber ein wenig traurig macht es doch, und das Wiesenhuhn schmeckt mir nicht mehr so gut wie damals, als ich vier Hühner auf einmal für meine jungen Geister bestellte, vier Hühner auf einer Schüssel, das war ein Anblick, nach dem sich andere Tische umdrehten, es war das Symbol einer glücklichen Familie. Jetzt brauchen sie mich nicht mehr. So werde ich dieses Jahr zum erstenmal um die Oktoberwiese einen großen Bogen machen. Denn wenn man zu nichts gebraucht wird, nicht einmal mehr dazu, seinen Kindern das Wiesenhuhn zu bezahlen – kein König geht besuchsweise an seinem Thron vorüber, nachdem er abdanken mußte.

Gestern standen meine Töchter mit ihren Männern vor meiner Tür. »Wir wollen dich abholen, Vater.«

»Abholen? Wohin?«

»Heute ist unser Wiesensonntag. Alte Tradition.«

Ich schüttelte den Kopf. »Ihr habt jetzt eure Männer. Was wollt ihr mit mir altem Vater?«

»Jetzt sind wir an der Reihe, dich einzuladen. Du bist heute unser Wiesengast. Das schönste Wiesenhendel bekommst du.«

Das ist etwas ganz Neues für einen Vater. Das erste Wiesenhuhn von meinen Kindern! Was für ein Ereignis! Ich habe die Hühner nicht gezählt, die ich im Laufe meines Lebens meinen Kindern gekauft habe, es wäre wohl eine stattliche Schar. Und heute spendieren mir meine Kinder ein Wiesenhuhn! Ich zog mich schnell an, wir fuhren hinaus, und als wir uns in einem Festzelt niedergelassen hatten, kam wieder eine große Schüssel auf den Tisch, mit fünf Hühnern, genauso schön wie früher, fast noch schöner. Christine und Josefine wetteiferten, mir das schönste der fünf Wiesenhühner herauszusuchen, ich saß auf dem besten Platz, ich bekam die knusprigste Brezel, man trank mir zu und feierte mich. Es ist ein ganz neues Gefühl und ein Glück eigener Art, zum erstenmal Gast bei den eigenen Kindern zu sein und von ihnen ein Wiesenhuhn spendiert zu bekommen. Vielleicht war dieses sogar das schönste Oktoberfest meines Lebens. Es wurde es noch mehr, als ich es ahnen sollte.

Als es nämlich ans Zahlen ging, sah ich, wie Peter heimlich der Kellnerin winkte, in die Tasche griff, plötzlich erblaßte, seine Hand wieder leer herauszog, seinen Rock betastete und schließlich seinem Schwager etwas zuflüsterte. Walter winkte lachend ab, griff in seinen Rock, betrachtete die Rechnung, stutzte, sah näher hin und erblaßte jetzt ebenfalls. Jetzt merkten auch meine Töchter, daß etwas nicht stimmte.

»Peter hat sein Geld daheim vergessen«, flüsterte Walter.

»Dann zahl du!«

»Das Ganze? Jetzt vor dem Letzten? So viel habe ich gar nicht bei mir. Habt ihr kein Geld dabei?«

»Auf die Wiese nehmen wir Mädchen doch kein Geld mit.«

Sie hatten mich, den Vater, völlig vergessen, so sehr hatte sie der Schreck überrumpelt. Sie merkten daher auch gar nicht, wie die Fröhlichkeit in meinem Gesicht immer mehr zunahm und wie ein warmes

Glücksgefühl in mein Herz einzog, daß man mir die Freude ansehen mußte, die es mir bereitete, wieder wie in früheren Jahren die Kellnerin zu mir zu winken und nun meinerseits die ganze Zeche zu bezahlen.

»Fünf Wiesenhühner – der Rest ist für Sie«, sagte ich.

MARTIN SUTER

Das Fleischliche bei Lupfigs

Ein milder Sommerabend. Fred Lupfig hat die Gäste zum Wagen gebracht und schlendert über den Plattenweg zum Haus zurück. Alles ist gutgegangen. Leuenberger ist ganz entspannt gewesen, hat sogar seinen Witz erzählt. Und seine Frau hat Barbara mit den Kaffeetassen geholfen. Man ist sich nähergekommen. Auch Stählis haben sich ganz offensichtlich wohl gefühlt. Sonst wären sie nicht bis jetzt geblieben. Es ist immerhin fast halb zwölf, spät für eine Dienstagseinladung. Doch, der Abend war ein Erfolg. Barbara sah gut aus in ihrem schlichten Kleid mit dem runden Ausschnitt. Er wird sie überreden, das Geschirr bis morgen stehenzulassen und mit ihm noch die Flasche auszutrinken. Und dann ... Es ist wie gesagt ein milder Sommerabend.

Als Lupfig ins Wohnzimmer kommt, sieht er, daß Barbara die gleiche Idee hatte wie er. Sie steht nicht wie sonst in der Küche und macht noch schnell das Gröbste. Sie sitzt auf dem Sofa und hat schon ein Glas

Wein in der Hand, das sie jetzt ansetzt und – in einem Zug leert.

»Laß noch einen Schluck für mich übrig, Schatz«, sagt er aufgeräumt und holt sich ein Glas in der Küche.

Als er zurückkommt, hat sich Barbara nachgeschenkt. Lupfig setzt sich neben sie aufs Sofa. Sie springt auf, als sei sie durch sein Gewicht hochkatapultiert worden, packt ihr Glas und verschwindet damit in der Küche.

Lupfig nimmt die Flasche und stellt fest, daß sie bis auf etwas Bodensatz leer ist. Er schenkt ihn sich ein und stellt sich damit in die Küchentür. Barbara steht am Spülbecken und trinkt.

»Ist doch gutgegangen, nicht?« sagt Lupfig diplomatisch.

Er bekommt keine Antwort.

»Ist etwas?«

»Ist etwas?« echot Barbara gereizt.

Spätestens jetzt weiß Lupfig: Es ist etwas. Er geht kurz die naheliegenden Dinge durch: Hat er sie unterbrochen, hat er sie Babs genannt, hat er vom Militär erzählt, hat er jemandem auf den Busen gestarrt? Aber es scheint etwas Schwerwiegenderes zu sein. Barbara drängt sich an ihm vorbei ins Wohnzimmer, stellt fest, daß die Weinflasche leer ist, stapft zurück in die Küche und – holt sich eine Dose Bier aus dem Kühlschrank. Reißt den Verschluß auf. Setzt die Dose an die Lippen.

Lupfig hat seine Frau noch nie Bier aus der Dose trinken sehen. Sie wischt sich den Mund mit dem Handrücken ab. »Das nächste Mal, wenn du mir Vegetarierinnen anschleppst, informier mich gefälligst.«

Jetzt, wo Barbara es erwähnt, fällt ihm auf, daß Frau Stähli die Speckwürfeli im *Salade Paysanne* stehengelassen hat. Was sie genau mit dem Kalbsfilet gemacht hat, ist ihm entgangen. »Vegetarierin? Wer?« fragt er scheinheilig.

»Die Stähli. Sag bloß, du hast es nicht gemerkt. So angewidert, wie sie die Speckwürfeli stehengelassen, und so märtyrerhaft, wie sie die Kalbsfilet unter den Pappardelle versteckt hat.«

»Vielleicht macht sie eine Diät.«

Barbara heult auf. »Diät! Hast du sie dir mal näher angesehen?«

Lupfig begeht den Fehler zu nicken.

»Dumme Frage«, schnaubt Barbara, »den ganzen Abend hast du nichts anderes gemacht, als sie dir genauer anzusehen.« Sie stürmt an ihm vorbei und knallt die Schlafzimmertür zu.

Ein milder Sommerabend. Aber Lupfigs schlafen heute vegetarisch.

O. HENRY

Geteiltes Leid ist halbes Leid

Der Einbrecher stieg rasch durch das Fenster ein und nahm sich dann Zeit. Ein Einbrecher, der sein Handwerk achtet, nimmt sich immer Zeit, ehe er etwas anderes nimmt.

Es war eine Privatvilla. An der mit Brettern verschlagenen Haupteingangstür und dem ungepflegten Efeu sah der Einbrecher, daß die Frau des Hauses auf einer Piazza irgendwo am Meer saß und einem mitfühlenden Mann mit Seglermütze erzählte, daß keiner jemals ihr sensibles, einsames Herz bisher verstanden hätte. Das Licht in den vorderen Fenstern des dritten Stocks und die vorgerückte Jahreszeit sagten ihm, daß der Hausherr heimgekehrt war und bald das Licht auslöschen würde, um sich zurückzuziehen. Denn es war September, für das Herz und auch der Jahreszeit nach, in der ein guter Hausvater Dachgärten und Stenotypistinnen für nebensächlich hält und sich die Rückkehr seiner Gefährtin und die dauerhafteren Segnungen des Anstandes und der hohen Moral wünscht.

Der Einbrecher zündete sich eine Zigarette an. Das Streichholz hinter der vorgehaltenen Hand beleuchtete für einen Augenblick seine hervorstechenden Merkmale. Er gehörte zu der dritten Kategorie von Einbrechern.

Diese dritte Kategorie wurde bis jetzt kaum beschrieben und wenig anerkannt. Die Polizei hat uns mit der ersten und zweiten Kategorie vertraut gemacht. Ihre Einstufung ist einfach. Der Kragen ist das unterscheidende Merkmal.

Wenn man einen Einbrecher fängt, der keinen Kragen trägt, stuft man ihn als verkommenen Menschen, besonders bösartig und schlecht, in die niedrigste Klasse ein und hält ihn für einen ebenso verwegenen Einbrecher wie jenen, der 1878 die Handschellen aus der Tasche des Polizisten Hennessy stahl und dann davonging, um sich durch Flucht einem Arrest zu entziehen.

Ein anderer gut bekannter Typ ist der Einbrecher, der einen Kragen trägt. Er ist unter dem Begriff »Hasardeur des Lebens« bekannt. Tagsüber trägt er immer einen Anzug wie ein Gentleman und gibt sich als Geschäftsmann aus, während er nachts das schändliche Gewerbe des Einbrechers betreibt. Seine Mutter ist meist eine außergewöhnlich reiche und geachtete Einwohnerin von Ocean Grove, und wenn er in seine Zelle geführt wird, bittet er als erstes um eine Nagelfeile und die »Police Gazette«. Er hat immer in jedem Staat der United States eine Frau, in allen anderen Ländern Bräute, und die Zeitungen finden die Namen seiner Ehegalerie in dem Archiv jener Damen, die nach dem Genuß einer Flasche Alkohol genesen, nachdem sie von fünf Ärzten bereits aufgegeben wurden, und die nach dem ersten Schluck schon eine erhebliche Besserung verspüren.

Dieser Einbrecher trug einen blauen Pullover. Er war weder ein Hasardeur noch einer der Schwiegersöhne von des Teufels Großmutter. Die Polizei hätte Schwierigkeiten gehabt, ihn einzustufen. Sie hatte noch nichts von einem ehrenwerten, bescheidenen Einbrecher gehört, der weder über noch unter der Norm seines Berufes steht.

Dieser Einbrecher der dritten Kategorie begann mit seiner Untersuchung der Lage. Er trug weder eine Maske noch eine Blendlaterne, noch Gummischuhe. Er trug nur eine Neun-Millimeter-Pistole in seiner Tasche und kaute nachdenklich einen Pfefferminz-Kaugummi.

Die Möbelstücke des Hauses waren zum Schutz gegen den Sommerstaub in Überzüge eingehüllt. Das Silber war weitab in einer Stahlkammer sichergestellt. Der Einbrecher erwartete keinen außergewöhnlichen Fischzug. Sein Ziel war das schwach erleuchtete Zimmer, in dem der Hausherr in tiefem Schlaf liegen mochte, nachdem er irgendein Beruhigungsmittel genommen hatte, um die Last seiner Einsamkeit zu vergessen. Dort müßte sich ein Versuch lohnen, zu dem berechtigten, anständigen Berufsgewinn zu kommen – Kleingeld, eine Uhr, eine edelsteinbesetzte Krawattennadel – nichts Aufregendes oder Außergewöhnliches. Das Fenster war offen gewesen, und er hatte seine Chance wahrgenommen.

Der Einbrecher öffnete leise die Tür zu dem erleuchteten Zimmer. Das Licht brannte schwach. Im Bett schlief ein Mann. Auf dem Toilettentisch lagen verschiedene Sachen durcheinander – zerknüllte Banknoten, eine Uhr, Schlüssel, drei Pokerchips, zerbrochene Zigarren, eine seidene rosa Haarschleife und eine verschlossene Flasche Bromo-Selters, als erste Hilfe am nächsten Morgen.

Der Einbrecher machte drei Schritte auf den Toilettentisch zu. Plötzlich stieß der Mann im Bett ein knarrendes Stöhnen aus und öffnete seine Augen. Seine rechte Hand glitt unter das Kissen und blieb dort.

»Rühren Sie sich nicht«, sagte der Einbrecher mit ruhiger Stimme. Einbrecher der dritten Kategorie zischen nicht. Der Bürger blickte in die runde Pistolenöffnung des Einbrechers und blieb unbeweglich liegen.

»Jetzt nehmen Sie beide Hände hoch«, kommandierte der Einbrecher.

Der Bürger trug einen kleinen, braunen, graumelierten Spitzbart wie Doktor Eisenbart. Er schaute solide, ehrenwert, gereizt und angeekelt aus. Er setzte sich im Bett auf und hob die rechte Hand über den Kopf.

»Die andere auch«, befahl der Einbrecher. »Vielleicht schießen Sie mit der linken Hand genauso gut wie mit der rechten. Sie können doch bis zwei zählen, nicht wahr? Beeilen Sie sich.«

»Ich kann die andere nicht bewegen«, sagte der Bürger, und seine Gesichtszüge verzerrten sich.

»Was ist los damit?«

»Rheumatismus in der Schulter.«

»Entzündet?«

»Schon vorbei. Die Entzündung ist zurückgegangen.«

Der Einbrecher überlegte eine oder zwei Sekunden und hielt die Pistole auf den Kranken gerichtet. Er betrachtete das Durcheinander auf dem Toilettentisch und dann etwas verlegen den Mann im Bett. Dann schnitt auch er plötzlich eine Grimasse.

»Stehen Sie nicht einfach so da, und machen Sie keine Gesichter«, fuhr ihn der Bürger schlechtgelaunt an. »Wenn Sie einbrechen wollten, lassen Sie sich nicht stören. Hier liegt doch einiges herum.«

»'tschuldigen Sie«, sagte der Einbrecher grinsend, »aber mich durchfuhr auch gerade ein Schmerz. Sie haben Glück, denn der Rheumatismus ist ein guter alter Bekannter von mir. Ich hab ihn auch in meinem linken Arm. Fast jeder andere außer mir hätte Sie niedergeknallt, als Sie Ihre linke Pfote nicht hochstreckten.«

»Seit wann haben Sie es?« fragte der Bürger.

»Seit vier Jahren. Ich glaube, es ist noch nicht zu Ende. Wenn's einen einmal erwischt hat, führt man ein rheumatisches Leben – so betrachte ich die Sache.«

»Haben Sie jemals Klapperschlangenöl versucht?« fragte der Bürger voller Interesse.

»Literweise«, sagte der Einbrecher. »Würde man alle Schlangen, deren Öl ich verwendet habe, aneinanderreihen, würde die Länge achtmal über den Saturn hinausgehen und das Klappern könnte man von Valparaiso bis Indiana und zurück hören.«

»Manche nehmen Chiselum-Pillen«, bemerkte der Bürger.

»Schwindel!« sagte der Einbrecher. »Ich habe sie fünf Monate lang genommen. Hat nichts geholfen. Etwas besser wurde es in dem Jahr, in dem ich Finkelhams Extrakt, Gileads Balsam-Umschläge und Potts schmerzlinderndes Mittel ausprobierte; aber ich glaube, die Kastanie, die ich in der Tasche trug, hat das Wunder vollbracht.«

»Haben Sie es schlimmer morgens oder in der Nacht?« fragte der Bürger.

»Nachts«, antwortete der Einbrecher, »gerade, wenn ich am meisten zu tun hab. Hören Sie, nehmen Sie doch Ihren Arm runter – ich glaube nicht, daß Sie – sagen Sie, haben Sie jemals Blickerstaffs blutbildendes Mittel versucht?«

»Niemals. Kommt Ihr Rheuma in Wellen oder ist es ein dauernder Schmerz?«

Der Einbrecher setzte sich aufs Bettende und legte seine Pistole auf das übergeschlagene Bein.

»Es kommt plötzlich«, sagte er. »Wenn ich nicht

darauf gefaßt bin, durchzuckt es mich. Ich mußte die Arbeit im zweiten Stock aufgeben, weil ich manchmal halbwegs hängen blieb. Ich werd Ihnen was sagen – ich glaube, die verdammten Ärzte wissen selber kein Mittel dagegen.«

»Mir gehts genau so. Ich habe tausend Dollar ausgegeben, ohne eine Besserung zu erzielen. Schwillt es bei Ihnen an?«

»Gegen Morgen. Und wenn Regen kommt – heiliger Bimbam!«

»Bei mir auch«, sagte der Bürger. »Ich spüre eine Regenwolke von der Größe eines Tischtuches, wenn sie von Florida in Richtung New York lossegelt, und wenn ich an einem Theater vorbeigehe, wo eine Matinee über die Ursachen und Wirkungen des Nebels gehalten wird, läßt die Feuchtigkeit meinen linken Arm springen, als wäre er ein schlechter Zahnnerv.«

»Es ist die reine Hölle«, sagte der Einbrecher.

»Sie haben absolut recht«, erwiderte der Bürger.

Der Einbrecher schaute auf seine Pistole hinunter und steckte sie mit dem unbeholfenen Versuch, ungezwungen zu erscheinen, in seine Tasche.

»Hören Sie, alter Freund«, sagte er etwas gezwungen. »Haben Sie jemals Opodeldok versucht?«

»Wertlos«, antwortete der Bürger ärgerlich. »Man könnte sich ebensogut mit Butter aus einem Restaurant einreiben.«

»Sicher«, stimmte der Einbrecher zu. »Diese Salbe hilft nur der kleinen Minnie, wenn die Katze sie am Finger gekratzt hat. Ich werde Ihnen etwas sagen. Wir haben beide dagegen zu kämpfen. Ich habe bisher nur ein einziges Mittel gefunden, das ein bißchen Erleichterung bringt. Was? Das gesunde, wohltuende, nichtzuvergessende Saufen. Hören Sie – ich mach Schluß mit der Arbeit heute – 'tschuldigen Sie – ziehen Sie sich an, dann wollen wir etwas trinken gehen. Gestatten Sie, aber – au! Da ist er wieder!«

»Seit einer Woche habe ich mich nicht mehr allein anziehen können«, sagte der Bürger. »Ich fürchte, Thomas liegt schon im Bett und –«

»Steigen Sie aus dem Bett«, unterbrach der Einbrecher. »Ich werde Ihnen helfen, in Ihre Klamotten zu kommen.«

Die herkömmlichen Sitten stiegen wie eine Flutwelle in dem Bürger hoch. Er strich sich über seinen braun und grauen Bart.

»Das ist etwas ungewöhnlich –«, begann er.

»Hier ist Ihr Hemd«, sagte der Einbrecher. »Kommen Sie schon. Ich kenne einen Mann, der behauptet hat, Omberrys Salbe habe ihm innerhalb von zwei Wochen so geholfen, daß er mit beiden Händen seine Fliege binden konnte.«

Als sie durch die Türe hinausgingen, drehte sich der Bürger um und wollte noch einmal zurückgehen.

»Fast hätte ich mein Geld vergessen«, erklärte er, »ich habe es heute abend auf den Toilettentisch gelegt.«

Der Einbrecher hielt ihn an seinem rechten Ärmel fest.

»Kommen Sie«, sagte er schroff. »Lassen Sie es nur. Ich habe Sie eingeladen. Diesmal geht es auf meine Rechnung. Haben Sie es jemals mit Haselnüssen und Wintergrün-Öl versucht?«

FRANZISKA POLANSKI

Sichere Drahtseilbahn

– Sie ist steckengeblieben, Gerda! In 500 Metern Höhe einfach steckengeblieben!

– Ruhig Blut, Horst! Gondeln gehören zu den sichersten Verkehrsmitteln der Welt.

– Ach nein, wirklich? Und warum bleiben sie dann in 500 Metern Höhe mit ein paar armen kleinen Wintersportlern stecken?

– Man wird uns schon retten.

– Ich überleb das nicht. Das überleb ich nicht.

– Versuch dich doch zu entspannen, Horst. Atme tief ein und aus und sage dir, »ich bin ganz ruhig, ich bin ganz ruhig«.

– In dieser Höhe kann ich mir nicht sagen, daß ich ganz ruhig bin. Beim besten Willen nicht, Gerda.

– Du machst dich ganz verrückt, und wenn dann der Hubschrauber kommt, bist du mit den Nerven fertig.

– Der Hubschrauber!!?

– Natürlich. Vom Hubschrauber aus lassen sie ein kleines Körbchen herunter, wir setzen uns hinein und werden hochgezogen.

– Aber das ist doch …!

– Der einzige Weg, hier herauszukommen.

– Das überleb ich nicht, nein Gerda, das überleb ich nicht.

– Reiß dich zusammen.

– Wenn ich zum Fenster hinausschaue, wird mir ganz schlecht.

– Dann schau' halt nicht hinaus!

– Ich bin nicht schwindelfrei, Gerda. Ich war der einzige Junge in der ganzen Klasse, der nicht schwindelfrei war.

– Wenn es drauf ankommt, ist jeder schwindelfrei.

– Nein, Gerda, ich nicht. Niemals kann ich in dieser Höhe in ein über dem Abgrund schwebendes Körbchen, o Gott, wie schrecklich ... Wenn ich daran denke!

– Pst! Sei mal still, Horst!

– Was ist denn?

– Ich glaube, sie fährt wieder.

– Was!? Hilfe!! Wir stürzen ab! Gerda!!

– Red' keinen Blödsinn! Jawohl, sie funktioniert! Die Gondel funktioniert, Horst! Wir sind gerettet!

– Gerettet?

– Aber ja. Sieh doch, wir fahren wieder!

– Tatsächlich.

– Wir haben die Talstation erreicht, Horst! Und ich hatte schon solche Angst gehabt.

– Du?!

– Ja, ich habe doch nur so getan, als wäre ich ganz ruhig, um dich nicht zu beunruhigen. In Wahrheit hatte ich schreckliche Angst.

– Sieh mal, die vielen Leute.

– Das sind Photographen, Horst!

– Photographen?! Sitzt meine Mütze richtig?

– Ja, ja, mach schon die Tür auf, Horst.

– Nur keine Panik, Gerda, ich mache das schon. Am besten, du hältst dich im Hintergrund – (zu den Photographen): Meine Herrn, wenn Sie wohl Platz machen würden, das war alles ein wenig viel für meine Frau. Gerade hat sie mir gestanden, welche Ängste sie ausgestanden hat. Zum Glück war ich bei ihr. Auf diese Weise konnte ich sie immer wieder beruhigen, denn wie wir wissen, sind Gondeln ja eines der sichersten Verkehrsmittel der Welt.

AUS ALTER ZEIT

Das Versprechen

War einst ein Ehepaar, das über viele Jahre einander in Treu und Lieb sehr zugetan war, und wenn das Gespräch einmal auf ihrer beider Ende kam, versicherte die Frau ihrem Mann, sie wolle gern dann auch aus dieser Welt scheiden, wenn er vor ihr sterben müsse, denn ein Leben ohne den geliebten Mann werde sie nicht ertragen können. Der Mann dachte bei sich selbst: »Das würdest du doch gerne wissen, was sie macht, wenn du nicht mehr bist«, und er beschloss sie auf die Probe zu stellen.

Als er sie eines Tages vom Backhaus kommen sah, wo sie den ganzen Morgen über eine Menge Brot gebacken hatte, legte er sich in der Stube auf den Rücken, streckte die Hände von sich, als ob er tot wäre, und hielt den Atem an. Seine Frau erschrak, als sie ihn so liegen sah und er auf ihre Fragen keine Antworten mehr gab. Als kein Rütteln und Schütteln ihn wieder zum Erwachen bringen konnte, glaubte sie in der Tat, er wäre plötzlich gestorben. Da dachte sie bei sich selbst: »Was soll ich tun, er ist doch nun tot, ändern kann ich es nicht, ich will mir erst trockene und saubere Kleider anziehen und etwas essen, denn ich habe heute noch nichts gehabt.« Also zog sie sich um, schlug ein paar Eier in die Pfanne, ließ sich dieselben schmecken, und ein Stück vom kalten Braten vom vergangenen Abend, das aß sie auch. Und da sie Durst bekam, ging sie mit der Kanne in den Keller, um Wein zu holen. Da klopfte eine Nachbarin an die Tür, die fragte, wie es ihr ginge. Nun fing die Frau an zu weinen und berichtete, dass ihr Mann ganz plötzlich gestorben sei. Und andere Nachbarn kamen herbei, um ihn zu betrauern, während die Frau mit den Händen rang und rief: »O lieber Mann, was für ein Unglück, was soll ich jetzt tun.«

Nun dachte der Mann, dass es genug sei mit dem Scherz, und er richtet sich auf und sprach: »Was du tun sollst: nach dem Essen ist dir nichts nötiger als ein guter Trunk. Den hast Du in der Kanne, die auf der Kellertreppe wartet, und vergiss nicht, auch mir ein großes Glas zu bringen.« So wurde all ihr Leid in Freude verwandelt, dem Ehemann war's aber eine Lehre, die er nicht vergaß. Denn wenn im Leben dir jemand in Lieb und Treu ist zugetan, ist alles erfüllt, was ein Mensch zu versprechen vermag.

DREI GESCHICHTEN VON NASREDDIN HODSCHA AUS DER ALTEN TÜRKEI

Das große Abenteuer

Nasreddin saß mit seinen Freunden beisammen, und jeder erzählte ein Abenteuer, das er selbst erlebt hatte.

Gebeten, auch eines seiner Abenteuer zum Besten zu geben, begann der Hodscha: »Eines Tages wurden wir mit unserem Schiff von einem furchtbaren Sturm überrascht, und es versank in den Fluten. Nichts, weder Mensch noch Maus, konnte gerettet werden. Ein größeres Abenteuer habe ich nie bestanden.« Befragt, wie er selbst denn gerettet worden sei, sprach Nasreddin: »Ich war nicht auf dem Schiff. Das war meine Rettung!«

Hartnäckigkeit siegt

Eines Tages hatte Nasreddin keine Lust mehr, den Esel zu füttern, und schob die Arbeit seiner Frau zu. Diese war davon keineswegs begeistert, und sie gerieten in einen lautstarken Streit, der mit einem Abkommen endete. Wer das eingetretene Schweigen breche, so vereinbarten sie, und zuerst spreche, der müsse den Esel füttern.

Während Nasreddin sich in einen Winkel setzte und schwieg, langweilte sich seine Frau, ging zu ihrer Nachbarin und blieb bis zum Abend. Sie erzählte ihr die Geschichte mit dem Esel, und sie sprachen: »Nasreddin ist ein hartnäckiger Dickkopf! Lieber würde er verhungern, als auch nur ein Wort zu sprechen. Aber er tut mir leid, wir wollen ihm eine Schüssel Suppe schicken.« In der Zwischenzeit aber kam ein Dieb in Nasreddins Haus und stahl alles, was nicht niet- und nagelfest war. Als er Nasreddin erblickte, erschrak er und wollte schon fliehen. Da Nasreddin sich aber nicht rührte, ließ auch er sich nicht weiter stören. Er näherte sich Nasreddin und sprach: »Ich will dem komischen Kauz nun auch den Turban vom Kopf nehmen. Vielleicht spricht er dann ein Wort.« Doch Nasreddin blieb stumm. So stahl der Dieb auch noch den Turban und trug all seine Beute davon.

Als das Kind der Nachbarin mit der Suppe kam, sah es Nasreddin barhäuptig in der Ecke sitzen. Es sprach: »Herr, ich bringe Euch etwas Suppe.« Der Hodscha pfiff, beschrieb mit seiner Hand dreimal einen Kreis und deutete nach seinem Kopf. Das Kind verstand, es solle sich dreimal drehen und die Schüssel über Nasreddins Kopf bewegen. Dabei verschüttete es die Suppe und verbrühte Nasreddins Kopf. Obschon die Suppe über Nasreddins Gesicht und Bart tropfte, bewahrte er dennoch weiterhin sein Schweigen. Ängstlich lief das Kind zurück zu seiner Mutter und berichtete, was es erlebt hatte.

Sofort sprang Nasreddins Frau auf, eilte zu ihrem Mann und rief: »Was ist passiert?« – »Hartnäckigkeit siegt«, erwiderte Nasreddin. »Und jetzt mach, dass du fortkommst und den Esel fütterst, er wartet schon!«

Des Nachbars Kochtopf

Nasreddin Hodscha lieh sich einmal einen großen Kochtopf von seinem Nachbarn. Wenige Tage später brachte er ihn zurück, mit einem kleinen Topf darin. Verwundert fragte der Nachbar ihn, was das sei. Darauf antwortete der Hodscha: »Siehst du doch, dein Kochtopf hat Nachwuchs bekommen, während er in meinem Haus war.«

Erfreut nahm der Nachbar beide Kochtöpfe an sich. Nach einiger Zeit lieh sich Nasreddin erneut den Topf aus. Doch diesmal brachte er ihn nicht zurück, weder bald noch später, und der Nachbar wartete vergeblich. Schließlich fragte er den Hodscha, wann er seinen Kochtopf endlich zurückbekäme. »Dein Topf ist leider gestorben«, erwiderte Nasreddin, »deshalb kann ich ihn nicht zurückgeben«. – »Wie kann ein Kochtopf denn sterben?«, fragte der Nachbar. »Warum nicht? Hast du nicht geglaubt, dass ein Kochtopf gebären kann, also musst du auch glauben, dass er sterben kann.« Sprach es und zog seines Wegs.

III

In bester Gesellschaft

NACH EINER ALTEN ANEKDOTE

Kunst und Kenner

Einer ließ sich malen, und als sein Porträt fertig war, lud er seine Freunde ein, die das Kunststück beurteilen sollten. »Aber das bist doch nicht du!«, rief einer. »Nicht die Nase ist getroffen, nicht dein Blick.« Und also wurde der Maler einbestellt zur weiteren Vervollkommnung des Bildes. Wieder trafen die Freunde zusammen und betrachteten aufs Neue mit Kennerblick die Korrektur: »Der Farbton der Stirn macht Euch älter, als Ihr seid«, bemerkte ein Nachbar. Und der Graf des nahegelegenen Gutes in Schwaigern schloss trocken: »Das Gesicht ist viel zu lang geraten.« Als nun der Gemalte wieder den Maler herbeirief und bei ihm die Urteile der Kritiker ablud, versprach dieser ihm einen erneuten Versuch. »Allerdings halte ich, Pardon und mit Verlaub! nicht allzuviel von der Kennerschaft Eurer Kunstfreunde und will sie denn auf die Probe stellen.« Also malte er erneut ein Bild, aber ohne Kopf, und an dessen Stelle musste der Gemalte den seinen hinhalten. Als der Schwarm der Kunstverständigen anderntags eintraf, zeigte ihnen der Maler das Bild ein wenig von ferne und sagte: »Nun, gefällt euch dieses besser? Was dünkt euch? Wenigstens habe ich den Kopf von neuem mit großem Fleiß gemalt!« – »Warum lasst Ihr uns wieder rufen?«, antworteten diese. »Warum zeigt Ihr uns diesen unfertigen Entwurf noch einmal? Um ganz offen zu sein: Ihr habt es schlimmer gemacht!« – »Ihr irrt euch, meine Herren!«, sprach da der Kopf. »Ich bin es selbst.«

SAKI

Die sieben Sahnekännchen

»Ich nehme an, wir werden Wilfrid Pigeoncote niemals hier sehen, nachdem er Erbe der Baronetswürde und eines Haufens Geld geworden ist«, stellte Mrs. Peter Pigeoncote mit Bedauern ihrem Mann gegenüber fest.

»Damit können wir allerdings kaum rechnen«, erwiderte er, »zumal wir in der Zeit, als er noch ein voraussichtliches Nichts war, ihm immer wieder jegliche Lust genommen haben, uns zu besuchen. Zum letztenmal habe ich ihn, glaube ich, gesehen, als er zwölf war.«

»Immerhin bestand Grund genug, daß wir eine Vertiefung seiner Bekanntschaft nicht gerade wünschten«, sagte Mrs. Peter. »Mit seiner notorischen Schwäche gehörte er wirklich nicht zu jenen Leuten, die man gern im eigenen Hause sieht.«

»Allerdings dürfte anzunehmen sein, daß diese

Schwäche immer noch existiert, oder etwa nicht?« sagte ihr Mann. »Glaubst du vielleicht, daß ein Vermögen zwangsläufig eine Änderung des Charakters nach sich zieht?«

»Natürlich wird sie noch da sein«, gab Mrs. Peter zu. »Aber schließlich möchte man doch gern die Bekanntschaft des zukünftigen Familienoberhauptes machen, wenn auch nur aus bloßer Neugierde. Und ohne zynisch zu sein: Daß er eines Tages reich sein wird, bedeutet, daß die Leute seine Schwäche mit ganz anderen Augen ansehen. Wenn ein Mann wirklich reich und nicht nur wohlhabend ist, schwindet ganz natürlich jeglicher Verdacht auf gemeine Motive; die Geschichte wird zu einem nur noch langweiligen Leiden.«

Durch den Tod seines Vetters, des Majors Wilfrid Pigeoncote, der den Nachwirkungen eines Polo-Unfalls erlag, war Wilfrid Pigeoncote zum Erben seines Onkels Sir Wilfrid Pigeoncote geworden. (Ein Pigeoncote hatte sich in den Feldzügen Marlboroughs mit Ruhm bedeckt, und seitdem hatte die Familie eine Schwäche für den Taufnamen Wilfrid gezeigt.) Der neue Erbe des Ansehens und Vermögens der Familie war ein junger Mann von etwa fünfundzwanzig Jahren, der im weiten Kreise seiner Verwandtschaft weniger persönlich als durch seinen Ruf bekannt geworden war. Und der Ruf war keineswegs erfreulich. Die zahlreichen übrigen Wilfrids in der Familie wurden hauptsächlich durch den Namen ihres Wohnsitzes oder die Bezeichnung ihres Berufes voneinander unterschieden, wie etwa Wilfrid of Hubbledown oder

Wilfrid the Gunner; dieser besondere Sproß trug dagegen den schändlichen und ausdrucksvollen Namen Wilfrid the Snatcher. Von den letzten Jahren seiner Schulzeit an war er von einer akuten und hartnäckigen Form der Kleptomanie besessen gewesen; er hatte den Erwerbssinn eines Sammlers, jedoch ohne jede entsprechende Spezialisierung. Alles, was kleiner und leichter transportierbar war als ein Büfett sowie im Wert über neun Pence hinausging, übte eine unwiderstehliche Anziehung auf ihn aus – vorausgesetzt, es erfüllte die notwendige Vorbedingung und gehörte anderen. Wenn er, was sehr selten vorkam, wirklich einmal in eines der Landhäuser eingeladen wurde, war es für den Gastgeber oder irgendein anderes Familienmitglied üblich und fast unumgänglich, am Abend vor seiner Abreise eine freundschaftliche Durchsuchung seines Gepäcks durchzuführen, um festzustellen, ob er irgend etwas aus dem Besitz anderer »irrtümlich« eingepackt hatte. Gewöhnlich förderten derartige Durchsuchungen eine umfangreiche und vielfältige Beute zutage.

»Das ist aber komisch«, sagte Peter Pigeoncote, etwa eine halbe Stunde nach dieser Unterhaltung, zu seiner Frau. »Eben kommt ein Telegramm von Wilfrid, in dem er mitteilt, daß er mit seinem Wagen vorbeikommt und uns gern besuchen würde. Und wenn es uns paßte, würde er gern über Nacht bleiben. Unterschrift: Wilfrid Pigeoncote. Das muß der Snatcher sein, denn die anderen haben kein Auto. Wahrscheinlich bringt er das Geschenk für unsere Silberhochzeit mit.«

»Ach du liebe Güte!« sagte Mrs. Peter, als wäre ihr

plötzlich ein Gedanke gekommen. »Das ist aber wirklich der unpassendste Augenblick, eine Person mit seiner Schwäche im Hause zu haben. Die ganzen silbernen Geschenke sind im Wohnzimmer aufgebaut, und mit jeder Post kommen neue; ich weiß gar nicht mehr, was wir schon bekommen haben und was noch kommen wird. Und wir können sie doch nicht einschließen! Bestimmt will er sie sich ansehen.«

»Dann müssen wir eben ganz scharf aufpassen«, sagte Peter zuversichtlich.

»Aber diese erfahrenen Kleptomanen sind doch so gerissen«, sagte seine Frau besorgt, »und wie peinlich wäre es, wenn er merkte, daß wir ihn beobachten.«

Peinlichkeit war tatsächlich an jenem Abend der vorherrschende Ton bei ihrer Unterhaltung mit dem Durchreisenden. Das Gespräch sprang nervös und schnell von einem unpersönlichen Thema zum anderen. Der Gast hatte so gar nichts von der verstohlenen und abbittenden Art, die seine Verwandten bei ihm erwartet hatten; er war vielmehr höflich, selbstsicher und vielleicht nur eine winzige Spur hinterhältig. Seine Gastgeber verrieten demgegenüber eine gewisse Unruhe, die auch das Kennzeichen bewußter Verworfenheit sein konnte. Und im Wohnzimmer, in das sie nach dem Abendessen gingen, wuchs ihre Nervosität und Peinlichkeit noch.

»Ach richtig, wir haben Ihnen noch gar nicht die Geschenke zu unserer Silberhochzeit gezeigt«, sagte Mrs. Peter plötzlich, als wäre ihr eine glänzende Idee gekommen, wie man den Gast unterhalten könnte. »Hier sind sie alle. Reizende Geschenke sind es, und so nützlich. Einiges haben wir natürlich doppelt bekommen.«

»Allein sieben Sahnekännchen!« stellte Peter fest.

»Ja – ist das nicht ärgerlich?« fuhr Mrs. Peter fort. »Sieben Stück! Wir haben das Gefühl, den Rest unseres Lebens nur noch von Sahne leben zu müssen. Einige können wir natürlich umtauschen.«

Wilfrid beschäftigte sich hauptsächlich mit jenen Geschenken, die von antikem Interesse waren, und ging mit dem einen oder anderen Stück zu der Lampe hinüber, um die Stempel zu prüfen. In diesen Momenten ähnelte die Sorge seiner Gastgeber der Besorgnis einer Katze, der man die neugeborenen Kätzchen weggenommen hat und von Hand zu Hand weiterreicht, um sie zu besichtigen.

»Warten Sie – haben Sie mir schon den Mostrichtopf zurückgegeben? Sein Platz ist hier«, quiekte Mrs. Peter.

»Verzeihung, ich habe ihn neben die Rotweinkaraffe gestellt«, sagte Wilfrid, der gerade mit einem anderen Gegenstand beschäftigt war.

»Geben Sie mir bitte das Zuckersieb zurück«, bat Mrs. Peter, und durch ihre Aufgeregtheit schimmerte störrische Entschlossenheit. »Ich muß noch einen Zettel anhängen, von wem es ist, bevor ich es vergesse.«

Ihre Wachsamkeit wurde nicht ganz von einem Gefühl des Sieges gekrönt. Nachdem sie ihrem Besuch eine gute Nacht gewünscht hatten, drückte Mrs. Peter ihre Überzeugung aus, daß er doch irgend etwas weggenommen hätte.

»Nach seiner ganzen Art und Weise kann ich es mir

gut vorstellen«, bestätigte ihr Mann. »Vermißt du etwas?«

Eilends zählte Mrs. Peter die stattliche Reihe der Geschenke.

»Ich komme nur auf vierunddreißig, und soviel ich weiß, müssen es fünfunddreißig sein«, verkündete sie schließlich. »Wenn ich nur wüßte, ob bei den fünfunddreißig schon der Flaschenständer des Archidiakons mitgezählt war, der noch nicht eingetroffen ist.«

»Woher sollen denn wir das wissen?« sagte Peter. »Ein Geschenk hat uns dieses gemeine Schwein nicht mitgebracht, aber ich lasse mich aufhängen, wenn er statt dessen eins mitnimmt.«

»Morgen früh«, sagte Mrs. Peter aufgeregt, »wenn er badet, läßt er seine Schlüssel bestimmt irgendwo liegen, und dann können wir seinen Koffer durchsuchen. Er hat nur einen mitgebracht.«

Am folgenden Morgen hielten die Verschwörer hinter halbgeschlossenen Türen aufmerksam Wache, und als Wilfrid, in einen prachtvollen Bademantel gehüllt, sich auf den Weg zum Badezimmer begab, stürzten zwei aufgeregte Wesen heimlich und schnell in das große Gästezimmer. Mrs. Peter horchte nach draußen, während ihr Mann sich zunächst auf die schnelle und erfolgreiche Suche nach den Schlüsseln begab und sich dann in der Art eines unangenehm gewissenhaften Zollbeamten auf den Koffer stürzte. Die Suche war nur kurz; in der Geborgenheit einiger Sporthemden lag ein silbernes Sahnekännchen.

»Dieser gerissene Fuchs«, sage Mrs. Peter, »weil wir so viele Sahnekännchen bekommen haben, hat er eines mitgenommen. Er glaubte wahrscheinlich, wir würden es nicht merken. Schnell, bring es wieder hinunter und stelle es zu den anderen Kännchen.«

Wilfrid erschien etwas verspätet zum Frühstück, und sein Verhalten verriet deutlich, daß irgend etwas nicht stimmte.

»Es ist zwar äußerst unerfreulich, so etwas zu sagen«, platzte er wenig später heraus, »aber ich fürchte, daß sich unter Ihrem Personal ein Dieb befindet. Mir ist etwas aus dem Koffer weggenommen worden. Es war ein kleines Geschenk von meiner Mutter und mir zu Ihrer silbernen Hochzeit. Eigentlich hätte ich es Ihnen schon gestern abend übergeben sollen, aber zufälligerweise war es ein Sahnekännchen, und da Sie sich über die bereits eingetroffenen zu ärgern schienen, war es mir ziemlich peinlich, Ihnen ein weiteres Exemplar zu überreichen. Ich hatte die Absicht, es gegen irgend etwas anderes umzutauschen, aber jetzt ist es verschwunden.«

»Sagten Sie eben, es sei nicht nur von Ihnen, sondern auch von Ihrer Mutter?« fragten Mr. und Mrs. Peter beinahe im Chor. Der Snatcher war schon seit Jahren Waise.

»Ja – meine Mutter ist augenblicklich in Kairo und schrieb mir nach Dresden, ich sollte doch versuchen, irgend etwas Antikes und möglichst aus Silber zu besorgen. Und da habe ich dieses Sahnekännchen ausgesucht.«

Beide Pigeoncotes waren totenblaß geworden. Die Erwähnung Dresdens hatte die Situation plötzlich geklärt. Es war Wilfrid the Attaché, ein sehr vorzüglicher junger Mann, der nur ganz selten innerhalb ihres gesellschaftlichen Gesichtskreises auftauchte und den sie unversehens so behandelt hatten, als wäre er Wilfrid the Snatcher. Lady Ernestine Pigeoncote, seine Mutter, bewegte sich in Kreisen, die jenseits ihrer Kenntnis und ihres Ehrgeizes lagen, und der Sohn würde eines Tages wahrscheinlich Botschafter sein. Und ausgerechnet seinen Koffer hatten sie durchwühlt und geplündert! Die Ehegatten blickten sich bestürzt und verzweifelt an. Mrs. Peter war es dann, die zuerst einen Einfall hatte.

»Wie entsetzlich, wenn ich mir vorstelle, daß Diebe im Haus sind! Nachts schließen wir das Wohnzimmer selbstverständlich immer ab, aber vielleicht wird etwas weggenommen, während wir hier beim Frühstück sitzen!«

Sie erhob sich und ging eilig hinaus, als wollte sie sich vergewissern, daß das Wohnzimmer seiner silbernen Gegenstände nicht beraubt war; als sie im nächsten Augenblick schon wieder zurückkehrte, hielt sie ein Sahnekännchen in der Hand. »Jetzt sind es auf einmal acht Sahnekännchen statt der sieben«, rief sie. »Das hier war vorhin noch nicht da. Das Gedächtnis spielt einem doch manchmal merkwürdige Streiche, Mr. Wilfrid! Bestimmt sind Sie gestern abend schnell nach unten gelaufen und haben es auf den Tisch gestellt, bevor wir das Zimmer abschlossen, und heute morgen hatten Sie es ganz vergessen.«

»So etwas kommt häufiger vor, als man glaubt«, sagte Mr. Peter mit verzweifelter Herzlichkeit. »Erst kürzlich fuhr ich in die Stadt, um eine Rechnung zu bezahlen, und ging am nächsten Tag noch einmal hin, weil ich rein vergessen hatte, daß ich …«

»Es ist zweifellos das Sahnekännchen, das ich für Sie mitgebracht habe«, sagte Wilfrid und betrachtete es genau. »Es lag jedoch noch in meinem Koffer, als ich heute morgen meinen Bademantel herausnahm, um ins Bad zu gehen, und es war nicht mehr dort, als ich den Koffer nach meiner Rückkehr wieder aufschloß. Irgend jemand hat es an sich genommen, während ich nicht im Zimmer war.«

Die Pigeoncotes wurden blasser als je zuvor. Mrs. Peter hatte schließlich den erlösenden Einfall.

»Könntest du vielleicht mein Riechsalz holen, Liebling«, sagte sie zu ihrem Mann. »Ich glaube, es steht im Ankleidezimmer.«

Glücklich und erleichtert eilte Peter aus dem Zimmer; in den letzten Minuten hatte er so viel durchgemacht und war die Zeit so langsam verstrichen, daß die goldene Hochzeit in greifbare Nähe gerückt zu sein schien.

Mit zutraulicher Schüchternheit wandte sich Mrs. Peter an ihren Gast.

»Ein Diplomat wie Sie wird wissen, wie man sich in einem derartigen Fall so verhält, als wäre nichts geschehen. Es hängt mit Peters kleiner Schwäche zusammen und liegt nun einmal in der Familie.«

»Guter Gott! Wollen Sie damit sagen, daß er auch Kleptomane ist – wie Vetter Snatcher?«

»O nein – nicht ganz so«, sagte Mrs. Peter in dem Bestreben, ihren Mann, nachdem sie ihn angeschwärzt hatte, etwas grauer wirken zu lassen. »Niemals würde er Sachen anrühren, die irgendwo herumliegen. Aber sobald irgend etwas verschlossen ist, kann er sich einfach nicht beherrschen. Die Ärzte haben dafür eine besondere Bezeichnung. In dem Augenblick, in dem Sie ins Bad gingen, muß er über Ihren Koffer hergefallen sein und das erste beste, das er fand, an sich genommen haben. Natürlich hatte er nicht den geringsten Grund, ausgerechnet das Sahnekännchen mitzunehmen, wo wir doch schon ganze sieben bekommen haben, nicht wahr … was natürlich nicht bedeuten soll, daß wir das freundliche Geschenk, das Sie und Ihre Mutter uns zugedacht haben, nicht zu würdigen wissen – psst, Peter kommt.«

Leicht verwirrt verstummte Mrs. Peter und verließ trippelnd das Zimmer, um ihrem Mann bis in die Diele entgegenzugehen.

»Es ist alles wieder in Ordnung«, flüsterte sie ihm zu. »Ich habe es ihm erklärt. Und jetzt sprich kein Wort mehr darüber.«

»Tapfere kleine Frau«, sagte Peter mit einem Seufzer der Erleichterung. »Mir wäre es unmöglich gewesen.«

Diplomatische Verschwiegenheit umfaßt nicht unbedingt auch Familienangelegenheiten. Peter Pigeoncote konnte einfach nicht begreifen, wieso Mrs. Consuelo van Bullyon, die im Frühjahr zu Besuch kam, ihre beiden gar nicht zu übersehenden Schmuckkassetten immer in das Badezimmer mitnahm und jedem, dem sie zufällig auf dem Korridor begegnete, sofort erklärte, die Köfferchen enthielten lediglich das, was sie für Maniküre und Gesichtspflege benötigte.

HELMUT LUDWIG

Markus 17 bis 21

»Liebe Konfirmanden«, begann der Pfarrer den Unterricht, »wir hatten uns darauf geeinigt, daß wir heute über eine weitverbreitete Sünde sprechen wollen. Erinnert ihr euch, um welche Sünde es geht?«

Erich erinnerte sich sehr genau, weil er mit dieser Sünde nicht selten zu tun hatte. Er meldete sich und antwortete laut und deutlich: »Wir wollten über die Sünde der Unwahrheit, über die Lüge, sprechen.«

»Richtig«, bestätigte der Pfarrer.

Und Erich war stolz.

»Ich hatte euch nun gebeten, als Hausaufgabe für heute aus dem Markus-Evangelium die Kapitel 17 bis 21 nachzulesen und euch heute dazu zu äußern.«

Auf diese Wiederholung der gestellten Hausaufgabe folgte anhaltendes Schweigen in der ganzen Gruppe.

Bis der Pfarrer in das Schweigen hinein die Frage stellte. »Seid ihr der Hausaufgabe nachgekommen? Wer von euch hat denn das 17. bis 21. Kapitel des Markus-Evangeliums gelesen?«

Zögernd hoben die ersten ihre Hand, um zu zeigen, daß sie der Aufgabe nachgekommen waren. Immer mehr Hände reckten sich empor.

Nur Ferdinand hatte schließlich seine Hand nicht erhoben.

Ihn fragte der Pfarrer: »Ferdinand, hast du etwa deine Hausaufgabe nicht gemacht?«

Ferdinand wurde ein bißchen rot und verlegen, rappelte sich dann aber doch zur Antwort auf: »Doch, Herr Pfarrer! Ich habe nachgeschlagen. Aber in *meiner* Bibel hat das Markus-Evangelium nur *sechzehn* Kapitel. Darum weiß ich nicht, wo die andern die Kapitel 17 bis 21 gelesen haben.«

IRENE DIKKERS

Sommerferien

Zurückschauend auf alle Ferien, die ich als Mutter so durchgestanden habe, ist mir noch immer nicht klar, ob es besser ist, die Kinder zu Hause bei sich zu haben oder irgendwo weit weg. Für eine wirklich edle Mutter wäre das natürlich gar keine Frage. Selbstverständlich hat man alle Kinder gemütlich zu Hause, balgend auf dem Wohnzimmerfußboden, streitend, wer den Hund rausläßt und welches Fernsehprogramm gesehen wird, um elf Uhr morgens barfuß frühstückend und auch nach Sonnenuntergang noch unverwüstlich wach bis zu den allerletzten Nachrichten der Tagesschau. Herrlich gemütliche große Ferien … Nasse Badehosen auf der Treppe, Butterstullen mit Honig auf dem Badewannenrand, Elton John fröhlich jaulend bei angebrannter Haferflockensuppe, die Kinder braun und lebendig durchs Haus rennend, mit demontierten Mopedteilen oder Pfannen voll Rührei, auf schnürsenkellosen Turnschuhen.

Das Schulbeispiel einer harmonischen Familie im Sommer.

Und Mama, die sich leicht abgeschlafft die Frage stellt, ob man eine gute Mutter sein und gleichzeitig schön bleiben kann. Ja, sicher, aber wie? Wie kann man morgens in aller Ruhe und im Badezimmer fünf Minuten Gymnastik machen, wenn sie gewaltig an der Klinke rammeln. Wie kann man sich die Augenbrauen zupfen, wenn man gleichzeitig erklären muß, wo die Reißzwecken liegen? Und wie kann man sich mittags friedlich hinlegen, wenn alle Teenager der Umgebung zwischen zwei und drei Uhr anrufen?

Bei mir kommt der mütterliche Edelmut im Sommer stets etwas ins Gedränge. Ich finde es herrlich, die Kinder von Zeit zu Zeit mal loszusein und auf Postkartenniveau mit ihnen zu verkehren. Aber so einfach ist das nicht. Das muß gewaltig organisiert werden, von Januar an. Und man braucht viel Geduld, Talent und Glück, um drei Kinder zur mehr oder weniger gleichen Zeit (aber beileibe nicht zusammen, nur das nicht) in irgendwelche Ferienlager zu kriegen.

Doch diesmal glückte es; sie würden eine Woche lang zweihundert Kilometer von zu Hause und voneinander entfernt auf Strohsäcken schlafen. Ich rechnete fest damit, daß der Vater Koffer und Kinder nach den diversen Plätzen und Hütten transportieren würde. Und wir würden dann zusammen eine herrliche Woche lang zu Hause leben können, ohne Kinder und ohne »Mama«-Geschrei als ewige und so häufig grundlose Unterbrechung.

Alles lief gut. Nur mein Mann kündigte eines

Abends ruhig an, daß er mal eben für einige Wochen in den Fernen Osten müßte. Trieben sich noch irgendwo Paßbilder für den Paß rum?

Also lieferte *ich* Kinder und Koffer bei den Strohsäcken ab, wohnte dann allein in einem stillen und aufgeräumten Haus und lebte von Zwieback, Postkarten und Telegrammen. Mein Mann war äußerst saumselig mit seinen Nachrichten, er steckte bis über die Ohren in Arbeit. Er schickte dreimal telegrafische Botschaften, kurz, aber deutlich: »Love.« Nicht einmal eine Unterschrift, aber es kam ja auch kein anderer dafür in Frage.

Die Kinder waren ausführlicher. Hans schrieb: »Ganz schöner Wind. Segeln ist lebensgefährlich, und mein Taschengeld ist alle.« Lotte, von einem Strohsack in der Ecke, philosophierte: »Wir beten jeden Morgen, aber leben sonst wie Zigeuner. Tschüß. P. S. Ich bin pleite. Tschüß.« Von Freddy kamen nüchterne Tatsachen: »Mein Schlafsack ist weg. Jedes Zelt hat einen Vogel. Unserer hatte Geburtstag, und ich gab ihm einen Seestern, der stank. Ich vermisse mein Fahrrad.« Hans war so abgebrannt (»Drei Postkarten an dich, Mama, das ist der Ruin«), daß es zu einem Mitbringsel nicht mehr gereicht hatte. Dafür brachte Lotte eine Rolle Drops mit. Freddy hingegen hatte eine Tüte voll Brombeeren in seinen Koffer gepackt, der einige Tage später per Bahnfracht ankam. Da lagen sie, seine selbstgepflückten Früchte, warm und zerquetscht in rote Unterhosen, Pyjamas und T-Shirts gebettet. Drei braungebrannte und schmutzige Kinder waren wieder zu Hause. Gerührt schaltete ich die Waschmaschine an.

Mein Mann, der sich, nach einer Karte zu urteilen, totgearbeitet hatte, entstieg kaffeebraun und entspannt dem Flugzeug. Er brachte Orchideen mit, viel schmutzige Wäsche und abenteuerliche Erzählungen über Sonnenuntergänge, Heckenschützen und nächtliche Flüge. Die Kinder fühlten sich wohl und blieben lange auf.

»Mir ist enorm nach Urlaub«, sagte mein Mann munter. Und so packten wir wieder die Koffer und zogen zu fünft ans Meer in eine Familienpension.

Das wird ideal, dachte ich. Alle von zu Hause weg ist triste. Alle zu Hause ist eine Löwengrube. Aber alle zusammen auf Reisen, wo andere für dich kochen und rumtraben, das ist die richtige Art, Ferien zu machen. Sonne, Seewind, nicht überlegen, was es zu essen gibt, kein Theater wegen kaputten Boilern und nicht erschienenen Handwerkern. Einfach faul sein, braun brennen und harmonisch leben mit lieben Kindern, einem zuvorkommenden Mann, Eis und erfrischenden Getränken.

Es kam ganz anders. In der Pension gab es kein Fernsehen. Die Kinder wußten nicht, daß so eine Art von Leben überhaupt möglich ist. Wir machten also Spiele. Und es wurde offenbar, wie ungeschickt die heutige Jugend in Scrabble ist und wie dumm in Stadt-Land-Fluß. Nach kürzester Zeit wollten sie nicht mehr. Wir lebten plötzlich sehr dicht zusammen, auch mit anderen. Ellenbogen an Ellenbogen aßen wir. Es wurde viel gekleckert, geschubst und gemäkelt. Weil man an den Tischen vor und hinter uns aufmerksam zusah, mahnte ich mit leiser Stimme vorsichtig zur Ordnung. Niemand hörte zu. Noch nie ist ein Kind ohne Erheben der Stimme erfolgreich erzogen worden. Die Kinder baten zwar flüsternd um die Erdbeermarmelade und die Butter, aber sie schrien mit Überzeugung: »Mama, dein Haar sieht scheußlich aus, genau wie Seetang«, als es gerade totenstill im Frühstücksraum war. Sie wollten bei Windstärke 8 schwimmen und bei strahlender Sonne drinnen bleiben und uralte Zeitschriften lesen. Mein einziger Trost war, daß die Kinder an den anderen Tischen sich ebenso absurd aufführten.

Wir sind wieder zu Hause, die Schule hat begonnen, die große Metamorphose stattgefunden: tiefe Stille statt Elton John und Treppengetrappel, Ordnung anstelle von Chaos, anständige Frisur statt Seetanghaaren, lange Stunden ohne Türklingel und Telefon. Danach habe ich mich zwei Monate gesehnt. Wie wenig kennt der Mensch sich doch selbst: Ich freue mich schamlos auf das Wochenende!

FRANZ HOHLER

Eine dumme Geschichte

Eine Sau erhielt einmal Besuch, und zwar von einem Stroh.

»Hallo, Stroh!« sagte die Sau, die gerade mit der Schnauze im Trog wühlte, »was führt dich zu mir?«

»Eine Beleidigung«, sagte das Stroh mit piepsender Stimme, »eine unerträgliche, dauernde Beleidigung!«

Erschrocken blickte die Sau von ihrem Imbiß auf.

»Ich soll dich beleidigt haben?« fragte sie, »das täte mir leid.«

»Nein«, krähte das Stroh, »du und ich, wir werden täglich beleidigt! Wenn die Menschen jemandem sagen wollen, er sei besonders dumm, sagen sie entweder strohdumm oder saudumm!«

Die Sau hörte auf zu kauen.

»Und was willst du dagegen tun?« fragte sie.

»Darüber habe ich lange nachgedacht«, sagte das Stroh stolz, »und jetzt weiß ich es. Wir schlagen den Menschen einfach ein neues Wort vor.«

»Aha«, sagte die Sau, »und was für ein Wort?«

Das Stroh holte ganz tief Luft und sagte dann: »Steindumm.«

Die Sau wackelte nachdenklich mit den Ohren. »Ich weiß nicht«, sagte sie, »damit würde einfach jemand anderer beleidigt.«

»Einem Stein kann das egal sein«, giftelte das Stroh, »der ist doch steindumm.«

»Nein«, sagte die Sau, »ich mache nicht mit. Sollen die Menschen sagen, wie sie wollen.«

»Gut«, sagte das Stroh trotzig, »dann mache ich den Vorschlag allein – wenn du so saudumm bist.« Und es machte sich sogleich auf den Weg.

Aber es war keine zwei Schritte gegangen, da fiel aus dem Schweinestall ein Stein herunter und schlug es tot.

Die Sau schüttelte den Kopf. »Das kommt davon«, sagte sie und senkte die Schnauze wieder in den Trog, »das kommt davon, wenn man so strohdumm ist.«

HERBERT ROSENDORFER

Deutsch für Gastarbeiter

Professor Yamasuke Hirotawa, ein Junggeselle von etwa fünfzig Jahren, lehrte bereits seit zehn Jahren deutsche Literaturgeschichte an der Universität Kobe, als er die Einladung erhielt, zwei Semester als Gastdozent an einer deutschen Universität zu verbringen. Professor Hirotawa hatte zu diesem Zeitpunkt zwar einige Aufsätze über Barocklyrik, eine zweibändige Analyse von Schillers ›Wallenstein‹ und – sogar in deutscher Sprache – eine Abhandlung über den Bedeutungswandel des Dativs von Luther bis Hofmannsthal geschrieben und die Werke Kleists und Immermanns ins Japanische übersetzt, aber in Deutschland gewesen war er noch nie.

Was er – sozusagen sprachlich gesehen – in Deutschland erlebte, bedeutete für ihn nicht mehr und nicht weniger als eine Sensation, einen Umsturz aller Werte, eine Revolution. Professor Hirotawa mußte erkennen, daß seine Vorstellung von der deutschen Sprache veraltet, überholt, ja schlichtweg falsch war. Er, sagte Professor Hirotawa nach seiner Rückkehr nach Japan, der sein Leben und die Energie jahrzehntelangen Gelehrtenfleißes der deutschen Sprache gewidmet habe, hätte in Deutschland dagestanden wie der Bauer von Sukudo im Shinto-Schrein (das bedeutet ungefähr: wie der Ochs vor dem Berg). Die Deutschen sprächen gar nicht das Deutsch, das er gelernt habe. Seine Lehrer am Goethe-Institut müßten Scharlatane gewesen sein. Er, Professor Hirotawa, erwäge einen entsprechenden Hinweis an die Adresse der Deutschen Botschaft, die offenbar keine Ahnung von dem schamlosen Treiben dieser sogenannten Lehrer habe. Die Deutschen sprächen ein ganz anderes Deutsch, eine knappe, prägnante Sprache, die auf nahezu alle Konjugations- und Deklinationsformen verzichte, fast ausschließlich aus Substantiven bestehe und mit vielen plakativen Redensarten allgemeinverständlicher Art angereichert sei. Im übrigen redeten alle Deutschen mit Händen und Füßen – und dieses oft gleichzeitig.

Schon als Professor Hirotawa das erstemal mit der Straßenbahn fuhr, machte er eine hochinteressante Spracherfahrung. Er fragte den Schaffner nach einer Haltestelle, an der er aussteigen wollte. Der Schaffner sagte dann an der betreffenden Station nicht: »Hier ist die Haltestelle, nach der Sie gefragt haben. Bitte beeilen Sie sich.« Der Schaffner sagte: »Du, he! Raus-jetzt. Dalli-dalli!«

Später kaufte sich Professor Hirotawa ein Fahrrad für den Weg von seinem möblierten Zimmer zur Universität. Auch das brachte ihn in Kontakt mit dem lebendigen Deutsch, das der Mensch auf der Straße offenbar spricht.

»Klingi-klingi – verstehen? Sonst kaputto, alter Chines«, zum Beispiel heißt soviel wie: »An dieser Stelle müssen Sie, sofern Sie keinen Schaden erleiden wollen, akustische Signale geben, verehrter Angehöriger eines fernöstlichen Volkes.«

»Du plem-plem, scheinbar«, heißt: »Darf ich Sie

darauf aufmerksam machen, daß Sie durch die Einbahnstraße in verkehrter Richtung fahren.«

Gewiß, schreibt Professor Hirotawa in seiner Abhandlung, in der er seine Erfahrungen mit der neudeutschen Sprache niederlegte, gewiß gibt es auch die altdeutsche Sprache noch. Zum Beispiel verstanden noch einige Studenten und mehrere Professoren, denen er begegnete, die altdeutsche Sprache, wenngleich mit Mühe. Außerhalb der Universität sei aber nur eine Verständigung im neuen Idiom möglich. Anfangs habe er es nicht unterlassen können, hie und da einen Mann auf der Straße in der Sprache anzureden, die er, Hirotawa, als Deutsch gelernt habe.

»Wären Sie geneigt, verehrte Blüte dieser Stadt, mir einige dieser auserlesenen Früchte gegen Entgelt zu überlassen?« habe er zu einer älteren Dame gesagt, die auf dem Markt Obst und Gemüse feilbot. Die Dame habe ihn daraufhin angeschaut, als wäre ihr ein Gespenst erschienen. Erst als er einige Birnen prüfend betastet habe, sei wieder Leben in sie gekommen. »Nix da anlangen. Griffel weg. Marsch, marsch. Alter Depp.« Das heißt etwa: »Bitte unterlassen Sie es, die ausgestellte Ware zu befühlen, verehrungswürdiger Greis.«

Auch sein Hauswirt habe nur die neudeutsche Kurzsprache gesprochen. »Was sagst? Zimmer nix gut? Zimmer nix dir gefallen? Zimmer zu klein-teuer? Daß nicht ich lachen. Zimmer sein viel, viel schön. Viel, viel billig. Du nur zahlen vierhundert. Molto wenig. Du verstehen? Sonst gemma-gemma.« Als er einmal in der Nacht die Toilette benutzte, die sich – er könne nicht sagen, ob das in deutschen Häusern allgemein so üblich sei – im unteren Stockwerk befunden habe, sei die Frau des Hauswirts auf dem Flur erschienen und habe gesagt: »Nix Remmi-demmi in Nacht. Pst. Du verstehen? Schleich dich.« Das, interpretiert der Professor zutreffend, sei eine schon ans Unfreundliche grenzende Warnung gewesen.

Nun dränge sich natürlich die Vermutung auf, schreibt Professor Hirotawa in einem weiteren Kapitel seines Buches, daß die Deutschen nur aus Höflichkeit mit ihm, dem Japaner, derart substantivisch-prägnant sprächen. Das ist so zu verstehen: Die, wie die ganze Welt weiß, ungemein klugen und ungeheuer intelligenten Deutschen, die, wie sie selber gelegentlich durchblicken lassen, alles wissen, wissen auch sehr gut, daß das Japanische eine sogenannte agglutinierende Sprache ist, deren Nomina weder Geschlecht, Ein- oder Mehrzahl, Flexion oder Artikel kennen. Grob gesprochen: Wenn die Einzahl *Baum* heißt, so heißt die Mehrzahl nicht *Bäume*, sondern etwa: *Baum-Baum*. Nun sind die Deutschen nicht nur unermeßlich gescheit, schreibt Professor Hirotawa, sondern auch – im Gegensatz zu den Flegeln von Japanern – ganz außerordentlich höflich. Längere Zeit habe deshalb Professor Hirotawa angenommen, die Deutschen machten ihm gegenüber aus Höflichkeit und profunder Kenntnis der japanischen Sprache aus ihrer deutschen Sprache eine Art unflektiertes Japanisch mit deutschen Vokabeln. Zwei Umstände haben Professor Hirotawa in dieser Annahme bestärkt: Einmal hatte er Gelegenheit, einen anderen

Japaner – den verehrungswürdigen Reederei-Makler Tohanube Kanaziki – in Deutschland zu treffen, der ihm bestätigt habe, daß die Deutschen auch ihm gegenüber so komisch redeten: »Ha, ha, alter Japse, du sein winzi-winzi Gauner …« (Das heißt ungefähr: »Wir sind voll grenzenloser Bewunderung für Ihre Geschäftstüchtigkeit, lieber Sohn Nippons.«) Und dann habe er, Hirotawa, einmal, als er mit einer sehr höflichen und sehr intelligenten jungen deutschen Dame in einer Bar war, gegen besseres Wissen nicht »eine Flasche Sekt mit zwei Gläsern« bestellt, sondern: »Sekt, eins, Glasi-Glasi, du verstehen?« Worauf ein Leuchten über das Gesicht des Kellners gegangen sei.

Dennoch war alles ein Irrtum. Als der Hauswirt Professor Hirotawa kündigte, das heißt, als Professor Hirotawa feststellte, daß der Hauswirt sein Gepäck (sehr sorgfältig) vor die Haustür gestellt hatte, und zwar rücksichtsvollerweise so, daß es noch unter dem Vordach stand und nicht im Regen, hatte er, Hirotawa, die Möglichkeit, die Sprachgewohnheiten anderen Ausländern gegenüber zu beobachten. Das kam so: Professor Hirotawa wollte es sich nicht nehmen lassen, dem Hauswirt und seiner Gemahlin eine Abschiedsaufwartung zu machen, in der Hoffnung, daß sein Anblick den offenbar etwas vergeßlichen Hauswirt an die noch für zwei Monate vorausbezahlte Miete erinnern könnte. Professor Hirotawa betrat also das Haus und hörte ein Gespräch zwischen dem Hauswirt und den vier Herren, denen er jetzt das Zimmer vermietet hatte. Es waren zwei Jugoslawen, ein Italiener und ein Grieche, also alles Angehörige von Völkern, die indogermanische Sprachen sprechen. Dennoch sagte der Hauswirt: »Nix miteinander vierhundert blechi-blechi. Jeder vierhundert. Kapito? Du vierhundert – du vierhundert – du vierhundert – du auch vierhundert!« Professor Hirotawa konnte sich nicht enthalten, seinem ehemaligen Hauswirt ein Kompliment zu machen: »Ich bin voller grenzenloser Bewunderung für Ihre Geschäftstüchtigkeit.« Hirotawa sagte es in Neudeutsch: »Ha, ha, du sein winzi-winzi Gauner ...«

Das Ganze habe zu einer kleinen Trübung seines freundschaftlichen Verhältnisses mit dem Hauswirt geführt, aber das sei nicht das eigentlich Merkwürdige an der Sache. Merkwürdig und interessant war, daß der Hauswirt auch gegenüber Angehörigen der indogermanische Sprachen sprechenden Völker das neue, agglutinierende, flexionslose Deutsch gebrauchte. Nun habe ihn der Fall eigentlich erst richtig zu interessieren begonnen. Er habe viele in Deutschland lebende Ausländer – Griechen, Italiener, Jugoslawen, Spanier, Araber, Afrikaner – angesprochen. Alle hätten ihm bestätigt, daß die Deutschen nur Neudeutsch sprächen. »Du sein Griech', du sein schweig«, heißt: »Ich empfehle Ihnen dringend in Ihrem eigenen Interesse, die Gepflogenheiten des Gastlandes zu beachten ...«

Endgültige Erkenntnisse habe Professor Hirotawa, schreibt er, erst in den letzten Wochen seines Aufenthaltes gewinnen können, daß es tatsächlich eine neudeutsche Sprache gibt, die in wesentlichen Punkten von der ihm bis dahin geläufigen deutschen Sprache abweicht. Insoweit seien die Kündigung seitens des Hauswirtes und jener Abend in der Bar – wo er »Sekt und Glasi-Glasi« bestellt habe – glückliche Fügungen gewesen. Er sei nämlich zu der erwähnten Dame gezogen, die – nicht von ihm, so lange war er nicht in Deutschland – ein Kind gehabt habe. Die Dame hieß Anita, das Kind – ein Knabe – Thomas. Beide, Mutter und Kind, waren unzweideutig und zweifelsfrei Deutsche, die deutsche Sprache war ihre Muttersprache. Anita war fünfundzwanzig, das Kind eineinhalb Jahre alt, konnte schon laufen, selbsttätig den Fernseher andrehen und die Programme wählen. Beide, Mutter und Kind, sprachen sowohl mit ihm, Professor Hirotawa, als auch miteinander Neudeutsch: »Papp-papp, dann heia gehen, morgen mit Mutti atta-atta.« Es sei doch wohl anzunehmen, daß sich Eltern gerade Kindern gegenüber, die die Sprache lernen sollen, besonders korrekter Sprachgewohnheiten befleißigen, meinte Professor Hirotawa. Also habe er mit erhöhter Aufmerksamkeit auf die Gespräche zwischen Anita und ihrem Sohn geachtet, um das korrekte Deutsch zu lernen. Auch den reichen und interessanten Wortschatz der Großmutter habe er mit Gewinn studiert.

Sprachliche Studien bei anderen jungen Damen habe ihm, schreibt der Professor, die irgendwie ausschließliche Grundhaltung Anitas verwehrt. Als Anita durch Zusammentreffen mehrerer unglücklicher Umstände Einblick in andere Sprachstudien bekam, schluchzte sie: »Du Bock, nix mit dieses Luder. Raus hier!« Was so viel heißt wie: »Meine Seele ist voll Kummer, die Person hier ist deiner nicht würdig.«

Daß das Neudeutsch nach und nach auch Amtssprache wird, habe er noch kurz vor seiner Rückreise erfahren, nämlich am Bahnhof. Die Durchsage per Lautsprecher sei ein herrliches Beispiel neudeutscher Sprache gewesen, allerdings für ihn vorerst noch unverständlich (Lautzeichen habe er sich notiert und sei dabei, sie zu entschlüsseln): »Nchtg Nchtg, Meis Mei, Decht-ncht-cht, Kss-Kss-chrr-m'stgn. Bitte zckzcktn.«

»Habe nun, ach! Philosophie,
Juristerei und Medizin,
Und, leider! auch Theologie
Durchaus studiert, mit heißem Bemühn.
Da steh ich nun, ich armer Tor!
Und bin so klug, als wie zuvor!«

Das sind die berühmten ersten Zeilen des Faustmonologs. Wir wissen, daß der japanische Germanist Professor Hirotawa auch der kongeniale Kleist- und Immermann-Übersetzer Yamasuke Hirotawa ist. Nun hat sich Hirotawa an ein neues Übersetzungswerk gemacht. Er übersetzte Goethe, aber nicht ins Japanische, sondern ins Neudeutsche. Sanfte und vorsichtige Retuschen können diese unsterblichen Verse mit neuer Aktualität füllen, selbstverständlich ohne den Gehalt des Gedichtes anzutasten.

»Ich – lernen, viel, viel Schule,
Kapiert? Köpfchen, Köpfchen.
Doktor – Advokat – Professor.
Sogar Beten – pfui Teufel –
Alles Scheiße.«

Und wie lautet nun jenes kurze Gedicht: »Über allen Wipfeln ist Ruh …«?

»Bäume, Wald – pst.
Nix brüllen.
Zwitscher-Zwitscher – auch pst.
Du bißchen warten.
Dann auch Mund halten.«

HUGO WIENER

Kleine Geschenke erhalten die Feindschaft

Mein Neffe Ladi hat eine Tante. Tante Vilma. Tante Vilma ist – was ist Tante Vilma? Zu sagen, sie wäre sparsam, wäre unter-, zu behaupten, sie wäre geizig, wäre übertrieben. Ziehen wir uns aus der Affäre: Sagen wir, sie ist nicht spendefreudig, und wenn sie einen Schilling aus der Tasche nimmt, dreht sie ihn zweimal um, ehe sie ihn wieder einsteckt.

Ladi, damals acht, hatte Geburtstag. Eben den achten. Man gab eine kleine Party, zu der die Verwandtschaft eingeladen war, und alle brachten etwas mit.

Onkel Adolf ein Buch, Tante Betty Schlittschuhe, Onkel Max ein Puzzlespiel und Tante Elsa einen Schianzug.

Tante Vilma brachte nichts. »Du kennst mich, Ladi«, sagte sie, »und du weißt, daß ich viel zu tun habe. Ich hatte keine Zeit, dir etwas zu kaufen. Aber, wie gesagt, du kennst mich, und du weißt, daß ich nicht zu deinem Geburtstag kommen werde, ohne dir etwas mitzubringen. Ich habe beschlossen, dir ein Geldgeschenk zu machen, damit du dir selber kaufen kannst, was dir gefällt. Du kennst mich doch, Ladi.«

Ladi schwieg.

»Was soll das heißen?« fragte Tante Vilma befremdet. »Kennst du mich oder kennst du mich nicht?«

»Sag etwas!« knurrte Walter Goldmann, Ladis Vater, wütend und gab seinem Sohn einen Stups.

»Ja«, sagte Ladi, »ich kenne dich.«

»Na also«, meinte die Tante befriedigt. »Wenn ich dir jetzt hundert Schillingmünzen gebe, was wirst du damit machen?«

»Nachzählen«, sagte Ladi. Tante Vilma ging und ward nicht mehr gesehen.

Kleine Geschenke erhalten die Feindschaft …

Kleine Geschenke erhalten die Feindschaft.

Goldmanns, Ladis Eltern, waren von Spannagl und Frau zu deren zwanzigsten Hochzeitstag eingeladen worden. Sie mußten natürlich ein Geschenk mitbringen, und Goldmann hatte bereits etwas Passendes gefunden. Eine dunkle Vase mit einem kleinen Fehler. Nur weil ein Stückchen Lack abgesprungen war, kostete sie die Hälfte, und der Schaden war leicht zu verdecken. Goldmann mußte nur mit einem Pinsel drüberlackieren. Spannagls zeigten große Freude, als sie die Vase bekamen, sobald sie aber wieder allein waren, sagte Trude Spannagl: »Was machen wir mit der Vase? Die ist doch schrecklich!«

»Ich habe sofort gewußt, was wir damit machen, schon als sie uns diese Mißgeburt gegeben haben. Wir schenken sie Lebowitsch zum Geschäftsjubiläum«, lächelte Spannagl.

Lebowitsch freute sich mit der Vase wie ein Kind, als sich aber Spannagls entfernt hatten, sagte er zu seiner Frau: »Was sagst du zu Spannagls? Schenken uns diese greuliche Vase!«

»Ich weigere mich, auch nur eine Nacht mit ihr unter einem Dach zu verbringen«, entgegnete Frau Lebowitsch. »Aber was fangen wir mit ihr an? Wohin damit?«

»Das werde ich dir sagen«, beruhigte Lebowitsch sie. »Die eine Nacht wirst du es aushalten, und morgen bringen wir sie Wimmers zur Housewarmingparty mit.«

Wimmers waren von der Vase entzückt. Als aber die Party vorüber war, sagte Lisa Wimmer empört: »Diese entsetzliche Vase! Ich finde, es ist eine Zumutung, einem so etwas zu schenken!«

»Im Gegenteil«, lachte Wimmer. »Ich freue mich damit. Wir sind doch morgen zur Verlobung von Bergers Tochter eingeladen. Jetzt haben wir ein Geschenk, das uns nichts kostet.«

Bergers Tochter und ihr Verlobter, Dr. Spargel, waren selig, als sie die Vase bekamen. Sobald sie aber wieder im trauten Familienkreis waren, sagte Spargel zu seiner Braut: »Diese Vase kommt natürlich nicht in unser schönes Apartment. Solltest du darauf bestehen, löse ich lieber die Verlobung.«

»Streitet nicht«, sagte der alte Berger, »übermorgen ist Weihnachten, da sind Mutter und ich bei Pinters eingeladen – da bringen wir ihnen die Vase als Weihnachtsgeschenk.«

Martin Pinter konnte nicht genug Worte über die Schönheit der Vase finden, während Mathilde Pinter ein gefrorenes Lächeln zeigte. »So eine Frechheit«, sagte sie erbost, als die Gäste sie verlassen hatten. »Am liebsten hätte ich die Vase den beiden ins Gesicht geworfen!«

»Reg dich nicht auf«, meinte Pinter ruhig, »in zwei Monaten ist St. Valentinstag – da geben wir ein paar Rosen hinein und schicken sie Spannagls.

Spannagls kam die Vase bekannt vor. »Die Vase kenne ich«, sagte er. »Haben wir die nicht an unserem zwanzigsten Hochzeitstag bekommen?«

»Möglich«, sagte Trude. »Es waren damals so viele Leute da, und jeder hat etwas gebracht. Sie könnte von Moosheimers gewesen sein ... oder von Morawetz ... Ja!« erinnerte sie sich plötzlich. »Von Morawetz! Ich sehe ihn noch beim Gabentisch stehen – mit der Vase in der Hand! Ich war froh, daß sie aus dem Haus war. Was machen wir jetzt damit?«

»Wir schenken sie Goldmann zur Eröffnung seines neuen Geschäftes. Goldmann und Morawetz haben sich bei uns kennengelernt – die haben einander bestimmt nicht mehr gesehen.«

Goldmann erkannte die Vase auf den ersten Blick und fand auch bald den von ihm ausgebesserten Fehler. Er war empört, setzte sich hin und schrieb Spannagl, wie er sich erlauben könne, ihm sein eigenes Geschenk wiederzugeben. Spannagl fühlte sich blamiert, er schrieb einen beleidigenden Brief an Pinter, Pinter einen ebensolchen an Berger, Berger einen an Wimmer, Wimmer einen an Lebowitsch und Lebowitsch einen an Spannagl. Der Kreis war geschlossen, und einer war auf den anderen böse.

FRITZ ECKENGA

Ich bin einkaufen!

Damit die Dinge meines Lebens nicht in Unordnung geraten, führe ich Ordnungslisten. Ganz oben auf der Wichtigkeits-Skala steht selbstverständlich der überlebenswichtige Einkaufszettel. Der aber wäre natürlich ganz nutzlos, gäbe es nicht die Erledigungsliste, auf der das aktuell abzuarbeitende Pensum lückenlos festgehalten ist und auf der deswegen »Einkaufen gehen und Einkaufszettel mitnehmen« erste Priorität hat. Die Lebenserfahrung sagt außerdem, dass es vorteilhaft ist, im entscheidenden Moment, nämlich an der Supermarktkasse, einen seriösen Eindruck, also ausreichend Zahlungsmittel zu hinterlassen. Wichtig ist deswegen auch, dass ich mich gelegentlich darum bemühe, der Liste mit der Überschrift »Geldverdienen« die nötige Aufmerksamkeit zu widmen.

Denjenigen, die das bisher Geschriebene für reichlich banal halten, halte ich entgegen, dass die Konzentration auf die vordergründig einfachen Verrichtungen nicht unterschätzt werden darf. Das gewöhnliche Leben braucht Struktur. Regelmäßige Mahlzeiten, immer was Sauberes zum Anziehen in der Kommode, friedliche Koexistenz mit dem Geldinstitut – dafür will gesorgt sein. Lässt man diese Dinge zu lange schleifen, kann es passieren, dass einen nicht nur ein leerer Kühlschrank angähnt, sondern dass man von etwas viel Dramatischerem bedroht wird: Von der intellektuellen Verwahrlosung.

Wenn mich meine Wahrnehmung nicht täuscht, wäre in Zeiten wie diesen schon Einiges erreicht, wenn wieder mehr Menschen Einkaufs- und Besorgungslisten führen würden. Wie beruhigend wäre es, wenn etwa das politische Personal morgens unter Ausschluss jeglicher Öffentlichkeit mal in aller Ruhe »Butter, Brot, Klopapier« auf den Zettel schreiben würde, anstatt ein noch bettwarmes Publikum schon in den Frühnachrichten mit Tagesthemen wie »Terminpläne für Sondierungsgespräche« zu belästigen.

Die Penetranz, mit der den Insassen dieses Landes seit Wochen und Monaten unaufgefordert angeblich existenziell wichtige Dringlichkeitslisten ins Dasein gereicht werden, sorgt für Wirklichkeitsverzerrung und hat Unordnung zur Folge. So hat zum Beispiel die

Fahrlässigkeit, mit der ich mich der Berichterstattung über den letzten Wahlkampf ausgesetzt habe, dazu geführt, dass ich vorübergehend den Kopf verlor. Eines Morgens fand ich auf meiner Erledigungsliste nicht etwa den dahingehörenden Satz »Hemden in die Reinigung bringen«, sondern ganz obenauf den mit drei Ausrufezeichen versehenen Imperativ »Unbedingt und sofort den Mittelstand fördern!!!«. Dass ich aber höchste Gefahr lief, schon ganz bald überhaupt keine Tasse mehr im Schrank zu haben, wurde mir am Vortag der Wahl bewusst, als ich an der Käsetheke des Supermarktes eine vor mir auf Bedienung wartende, ausgesprochen attraktive Kundin mit dieser absolut kontakttötenden Gesprächseröffnung belästigte: »Finden Sie nicht auch, dass Deutschland gründlich dereguliert werden muss, und wollen wir beide nicht mal sofort damit anfangen?«

Seitdem konzentriere ich mich wieder auf die wesentlichen Dinge. Ich sorge dafür, dass ich mental regeneriere, und schreibe ganz rudimentäre Einkaufs- und Erledigungslisten. Es darf nicht dazu kommen, dass ich restlos verblöde. Das Schicksal vieler anderer ist mir Warnung genug. Ich will nicht jenes soziopathologische Nutzlosigkeitsstadium erreichen, in dem mir nichts anderes mehr übrig bleibt, als mich an Kampagnen wie »Du bist Deutschland« zu beteiligen. Ich bin nicht Deutschland. Ich bin einkaufen!

INGE MEIDINGER-GEISE

Platzkarten

»Emmi – hier rein!«

Der lange Zug, der bis jetzt in der Sonne vor sich hinschwitzte, scheint anzurucken. Jedenfalls sehen wir, die wir still im Abteil sitzend auf die Abfahrt warteten, uns nunmehr verstört an. Der Gang dröhnt. Das Dröhnen wirft, obwohl man noch niemanden vor der Tür bemerkt, eine kräftige, überdeutliche Stimme an die Scheiben:

»Emmi – das ist Wagen neun! Platz Nummer dreiundvierzig, fünfundvierzig, siebenundvierzig –«

Für Augenblicke ist es danach ganz ruhig, wir sinken in uns und lauern, wir schielen am Kopf unseres Gegenübers nach den Platzschildern, niemand atmet hörbar.

»Emmi – sei still – mich interessiert jetzt nur, wo unsere Plätze – ahh!«

Es schmettert dicht bei uns; ein dicker Schatten nähert sich unserer Tür, reißt sie auf, Zugluft packt uns, es ruft: »Aha – hier! In Ordnung!«

Wir sehen einen Mann im grauen Anzug; er stellt seinen Koffer schnaufend zwischen uns, die Beine ziehen wir ein und nicken höflich einen guten Tag und schütteln darauf sogleich die Köpfe: Hier ist kein Platz mehr frei.

»Das habe ich geahnt«, sagt der Mann schneidend leise. Über seine Schulter zirpt es: »Herbert, bitte ...« »Erster Ferientag, natürlich, proppenvoll, der Zug, und jeder sitzt, wo er kann«, steigert sich das männliche Tremolo.

»Herbert, ich meine ...« »Du meinst Überflüssiges, hier muß man wachsam sein!« gewinnt die Stimme Herberts an Wucht. Ein stechender Blick an unsern Köpfen vorbei, es wird abgezählt: »Dreiundvierzig, fünfundvierzig, siebenundvierzig ...« Unsichtbar bleibt, wer da kräht: »Auf die Plätze, fertig, los ...« Der Mann schmunzelt süßsauer; er wischt sich den Schweiß vom Nacken: »Also bitte, meine Herrschaften, das Kind wird schon ungeduldig, bitte, hier sitzen wir! Platzkarten – jawohl!«

»Zeigen Sie mal!« sagt mein Gegenüber, der auf Platz Nummer dreiundvierzig sitzt. »Herbert«, zirpt es, »höre doch ...« »Ich denke nicht daran!« schreit er; der Zug ruckelt ein bißchen, draußen zeigt die Uhr zwei Minuten vor Abfahrt. Herbert mit dem großen Koffer strafft sich: »Hier sind unsere Plätze laut Karten, hier bleiben wir, räumen Sie gefälligst den Sitz!«

Die Dame auf siebenundvierzig schluckt nervös und hält dann (es erinnert an die Preisrichter bei den Eislaufmeisterschaften) steil ein papierenes Viereck hoch: »Sie irren! Ich sitze richtig! Siebenundvierzig – siebenundvierzig!« Die Dame dreht den Kopf schräg auf und nickt nach hinten, dem Nummernschildchen zu, dann senkt sie hackend die Nase auf das Papier, das sie nun in der auf dem Knie ruhenden Hand hält.

»Das ist Betrug«, sagt Herbert laut und langsam, er fingert in seinen Jackentaschen. Emmi tippt ihm auf die Schulter: »Wir müssen hier raus!« Der Sohn schreit: »Wir fahren!« Und in der Tat gleitet mit dumpfem Antriebsseufzer der Zug aus dem Bahnhof.

»Dreiundvierzig, fünfundvierzig, siebenundvierzig«, sagt Herbert und hält drei Platzkarten wie Skatkarten aufreizend in der Hand, mustert uns alle wie jämmerliche Falschspieler: »Ich habe recht!«

Sie zücken, meine drei Gegenüber, ebenfalls ihre Karten und rufen mit erhobener Stimme: »Dreiundvierzig, fünfundvierzig, siebenundvierzig!«

»Ich habe Plätze gefunden!«, der Sohn kräht es ins Abteil, bufft den schwitzenden Vater, der aber beschließt: »Ich bleibe hier, wir wollen doch mal sehen ...«

»Herbert, dieser Zug fährt doch nach Norddeich!« sagt Emmi endlich mutig.

Herbert dreht sich um, daß er fast auf den Koffer zu sitzen kommt, der unsere Beine immer noch zur Unbeweglichkeit zwingt. »Wir wollen nach Garmisch!« schreit er.

»Wir sind im falschen Zug«, erklärt Emmi sanft; es geht in Herberts heulendem Zorn unter: »Da kauft man Platzkarten, da will man ruhig und genießerisch in die Ferien fahren ... und dann stimmt nichts, der Zug nicht, die Karten nicht ...«

»Gehen Sie nun hier endlich wieder raus?« fragt die Dame von siebenundvierzig.

»Ich will den Schaffner sprechen«, antwortet Herbert, bleibt samt dem Koffer in unserer Mitte, fleischgewordene Ferienbesessenheit. Emmi reicht ihm aus ihrem Gepäck eine Flasche: »Kalter Kaffee! Bitte!«

Das bringt die Dame von siebenundvierzig zu albernem Lachen.

»Ich sitze!« kräht der Sohn von irgendwo, »ich darf am Fenster sitzen!«

»Kind, es nützt ja nichts«, ruft Emmi.

Der gütige, soeben hinzutretende Schaffner schüttelt den Kopf; er sieht mit beamtischer Gründlichkeit auf Herberts Platzkarten, er betrachtet die Sitzenden, er schlägt sein dickes Fahrtenbuch auf, er atmet tief. Schweiß steht ihm auf der Stirn, er sagt väterlich: »Ich kann Sie nur bis Bremen mitnehmen, dann müssen Sie wieder raus, das ist ja ein ganz großer Irrtum!«

»Sowas – Sowas«, steigert Herbert ein letztes Mal seine Stimme: »Sowas erlaubt sich die Bahn!«

»Die Bahn ist nicht schuld«, sagt ruhig der Schaffner.

»Bremen, das geht ja«, zirpt Emmi, »da wohnt ja Mama, da können wir übernachten – und morgen steigen wir in den richtigen Zug!«

»Morgen ist nicht heute! Und Mama ist keine Erholung! Und überhaupt – in Garmisch stehen unsere Betten leer, und wir bezahlen dafür!« Herbert sieht uns alle richterlich an, dann zerrt er den Koffer aus dem Abteil, stößt dabei gegen das Gangfenster, schreit: »Emmi, steh mir nicht im Wege!« Und entgleitet massig – ein Seufzer trifft uns noch wie Zugwind.

KARL VALENTIN

Klagelied einer Wirtshaussemmel

Nicht jede Semmel hat so ein schweres Dasein als gerade wir Wirtshaussemmeln. Eine Privatsemmel z. B. wird beim Bäcker gekauft, heimgetragen und meistens gleich gegessen. Aber wir Wirtshaussemmeln und meine Kolleginnen, die Römischen Weckerln, die Loabeln und die heruntergeschnittenen Hausbrote, wir haben meistens ein ekliges Dasein, bis wir von den Menschen verspeist werden.

Es hat sich ja einmal der Magistrat um uns gekümmert und hat in jeder Wirtschaft kleine Tafeln anbringen lassen mit der Inschrift: »Das Betasten der Nahrungsmittel zum Zwecke ihrer Prüfung ist verboten.« Aber darum kümmert sich heute keine Sau mehr, viel weniger ein Mensch. Nicht genug, daß wir gleich nach unserer Erschaffung aus Mehl und Wasser sofort ins Krematorium kommen, werden wir, wenn wir fertiggebacken sind, von rohen Bäckerlehrbuben in die Lieferkörbe geworfen, diese Körbe werden wiederum unsanft ins Lieferauto geschwungen, und im 60-km-Tempo rasen wir armen Semmeln dem Restaurant oder Gasthof zu, in welchem wir heute noch verspeist werden sollen.

Nicht jeder Semmel blüht dieses kurze Dasein wie einer sogenannten Eintagsfliege. Manchen Semmeln geht es wie den alten Jungfrauen. Sie bleiben über, wenn auch nicht so lange.

Nach Wochen und Monaten kommen wir in eine vielschneidige Guillotine (Knödelbrotschneidemaschine genannt), werden zu Scheiben geschnitten und bilden den Bestand der berühmten bayerischen Semmelknödel.

Aber wie traurig und dreckig geht es uns armen Wirtshaussemmeln! Wir werden von den Kassierinnen (früher Kellnerin) in aller Frühe ins Brotkörbchen gelegt und auf den Tisch gestellt. So – und nun sind wir der sogenannten Hygiene unterworfen.

Zum Frühschoppen kommt schon um 10 Uhr direkt vom Bahnhof die Familie Bliemchen aus Sachsen. Sie setzen sich alle an den Tisch, und Frau Bliemchen entnimmt gleich dem Brotkörbchen ausgerechnet »mich«, drückt mir den Brustkorb ein und sagt zu ihrem Mann: »Gustav, guck mal, fühl mal das Brötchen an, wie weich das ist. Hier in Bayern ist das Brot nicht so knusprig gebacken wie bei uns in Leipzig.«

Herr Bliemchen hatte keine Zeit, mich gleich zu drücken, er hatte sich mit seinem Taschentuch eben die Nase geputzt, und erst, nachdem er dieses eingesteckt hatte, nahm er mich in die Hand, drückte mich zusammen, daß ich beinahe aussah wie ein Pfannkuchen, legte mich wieder in das Körbchen und sagte: »Du hast recht, liebes Paulinchen, die Brötchen sind hier scheinbar alle so weich« – indem er sich auch davon überzeugte und eine Semmel nach der andern zerdrückte. Mit gebrochenem Brustkorb lagen wir Semmeln im Körbchen.

Herr und Frau aßen ihre Weißwürste, welche ihnen scheints auch nicht besonders schmeckten, aber die mußten sie ja schließlich essen, weil sie dieselben bestellt hatten. Wir Semmeln stehen aber unbestellt am Tisch, mit uns kann ja jeder tun und lassen, was er will.

Nach der Familie Bliemchen nahm ein alter Herr, der zwar sehr gut gekleidet war, aber trotzdem einen riesigen Schnupfen hatte, an dem Tische Platz. O weh, dachte ich Semmel, der wird mich und meine Kolleginnen wohl anniesen – gesagt – getan – einige Dutzend Male ging ein kräftiges Hah-zieh über uns Semmeln nieder, begleitet von einem heftigen Bakteriensprühregen.

Wir ertrugen gerne diese Schmach des Angespucktwerdens, uns war es nur um die armen Menschen leid, die nach dieser Sauerei vom Schicksal an diesen Tisch geführt werden.

Der alte Herr aß, trank, zahlte, nieste und ging.

Eine Mutter mit vier Kindern waren die nächsten. Wir Semmeln zitterten, als wir die vier Kinder an den Tisch kommen sahen.

»Mutter, Mutter – darf i mir a Semmel nehmen!« schrie es durcheinander, und wie Sioux-Indiander überfielen die Buben das Brotkörberl, welches dem Ansturm nicht standhielt und über den Tisch hinunterkollerte, und natürlich wir Semmeln auch. Die Mutter schalt leise: »Glei klaubt's die Semmeln auf und tut s' wieder ins Körberl neilegn schö, daß niemand siecht, de Semmeln genga euch gar nichts an, mir bstelln uns Brezen.«

Zerdrückt, beschmutzt lagen wir vier Semmeln wieder ungegessen im Körbchen. Was wird aus uns noch werden! dachten wir.

Da kamen die vielen Mittagsgäste, schauten uns

verächtlich an und bestellten sich anderes Brot, aber direkt vom Büfett.

Wir Semmeln sahen selber ein, daß wir zu unappetitlich aussahen, um verspeist zu werden. Keiner von den vielen Mittagsgästen wollte von uns was wissen – wir blieben auf dem Tisch stehen, obwohl wir fast von allen Gästen berührt, zerdrückt und angehustet wurden.

Bis der Abend kam, bis die Nacht kam – und schon gleich die Polizeistunde, da kam noch schnell ein Liebespaar geschlichen, setzte sich an den Tisch und trank mitsammen ein Glas Bier.

Sie hatten auch noch Hunger – aber nicht viel Geld. Wie wär's mit den vier Semmeln? Indem sich beide verliebt in die Augen sahen, aßen sie dazu – uns vier Semmeln. Die beiden hatten gar nicht bemerkt, wie wir aussahen, denn Liebe macht blind ...!

RODA RODA

Leitfaden für Reiche

Lieber Freund, Sie sind durch glückliche Ausnutzung geschäftlicher Chansons in einen Gesellschaftskreis aufgestiegen, der gern Fremdwörter gebraucht. Damit Sie sich nun nicht jeden Augenblick balsamieren, möchte ich Ihnen einige Winke für die Konservation geben.

Vor allem, bitte, seien Sie nicht beleidigt, wenn jemand Sie einen Parvenu nennt. Er meint nichts Böses. Parvenu ist eine spanische Wand, ein Bettschirm. Arrivé hingegen: eine singbare Melodie, ein Gesangstück.

Man wird Ihnen schlechte Manieren vorwerfen und Mangel an Courtoisie. Lassen Sie sich dadurch nicht kränken, die Mängel wiegen nicht schwer: Courtoisie ist nichts anderes als Maklergebühr, und Manieren – die Hände pflegen wollen Sie sich ohnehin.

Lädt man Sie zum Tee, kann es ein Five o'clock tea sein oder ein Thé dansant. Keinesfalls hat es das mindeste mit Theorie zu schaffen, der Gottesgelehrsamkeit. Hypothese wieder ist die längste Seite eines rechtwinkligen Dreiecks; verwechseln Sie das nicht mit Hippologie, der krankhaften Reizbarkeit von Frauen.

Bietet man Ihnen bei Tee Baisers an und Curaçao, so müssen Sie wissen, daß Baiser Flauheit auf der Börse bedeutet und Curaçao einen schweren Reiter; der Gegensatz davon ist Infamie (Fußtruppe, in übertragenem Sinn auch: Mannstollheit). Absinth aber ist die Enthaltung von geistigen Getränken.

Zwischen Tuberosen und Protuberanzen ist ein gewaltiger Unterschied: Protuberanzen sind Apfelsinen, Tuberosen jedoch Lungenschwindsüchtige.

Halten Sie Zyklamen und Zyklus auseinander: Zyklame ist ein Wirbelwind; Zyklus ein Riese mit einem Auge.

Für Wirbelwind kann man auch Toreador sagen; Tournedos klingt wohl ähnlich, bedeutet aber etwas ganz anderes, nämlich einen südfranzösischen Minnesänger.

»Sagt man Champignon oder Champion?« werden Sie fragen. Es kommt darauf an, ob Sie Haarwäsche meinen oder eine Papierlaterne.

Antinomie ist die Kunst, Leichen zu zergliedern; Anthologie: Selbstregierung, Unabhängigkeit.

Panorama ist eine Landenge in Südamerika; Paranoia aber ein Schlafanzug.

Tarlatan: ein Kurpfuscher und Marktschreier; der schlaue Tamerlan war Minister des Äußeren unter Napoleon dem Großen.

Samojeden sind russische Teemaschinen.

Merken Sie sich ferner, daß eine Kreolin nicht dasselbe wie eine Mulattin ist. Mulatten sind Bastarde von Pferd und Esel; eine Kreolin ist ein gebauschter Frauenrock.

Man wird Ihnen von Krankheit und Gesundheit reden, Prophylaxe und Hygiene. Behalten Sie, bitte, wohl im Gedächtnis: Prophylaxe ist die Reblaus; Hygiene ein Raubtier, das Leichen frißt.

Ein großer Unterschied ist auch zwischen Olymp und Hades; Hades ist die Rückenmarkschwindsucht, Olymp aber ein Neugebilde in der Nase.

Basilisk: eine griechische Kirche; die Lieblingsfrau des Türken heißt Obelisk.

– – – Mein Freund, ich hoffe, Sie wissen nun Bescheid mit Fremdwörtern. Sollten Ihnen noch jemals Zweifel aufsteigen, dann reden Sie nicht leichtfertig hin, sondern schlagen vorher hübsch nach im Konföderations-Mexiko, wo Sie, nach dem Alpaka geordnet, das Wissenswerte beisammenfinden.

MARTIN SUTER

Knechts schwerste Entscheidung

I

In den ausgestorbenen Etagen jammern die Staubsauger, die meisten Büros sind schon dunkel, und in den Gängen gehen nach und nach die Leuchtstoffröhren aus. Auf Knechts Pult, Variante B des Standardprogramms »Mittlere Kader I« in Kellco Pastellbeige, stapeln sich die Büromöbel-Kataloge. Er hat sie aus dem Mäppchen »Privat« zuhinterst in der Hängeregistratur geholt, als er sicher war, daß die Luft rein war. Denn das Studium von Büromöbeln der gehobenen Einrichtungsklasse bereits im Vorfeld der Beförderung könnte ihm von Neidern, also von praktisch allen, falsch ausgelegt werden.

Dabei geht es Knecht wirklich nur darum, die bevorstehende Einarbeitungsphase in seine neue Position nicht mit scheinbaren Nebensächlichkeiten wie der Evaluation der Büroeinrichtung zu belasten. Er möchte, daß diese Entscheidung dann, wenn sie ansteht, bereits ausgereift ist. Damit er sie mit der Entscheidungsfreude und dem Blick für die Prioritäten treffen kann, die seiner neuen Position angemessen sein werden.

Knecht nimmt sich also Zeit. Er hat zu Hause angerufen und geseufzt, daß man wieder nicht mit dem Essen auf ihn zu warten brauche. Und Melanie hat das zur Kenntnis genommen mit der Routine einer Ehefrau, die bereit ist, den Preis für die Karriere des

Gatten zu bezahlen. Das ist der eine Grund, warum Knecht die Büromöbel-Evaluation nicht zu Hause durchführt: Er will die Familie rechtzeitig an die Verschärfung seines Arbeitsrhythmus gewöhnen, die, schon aus Prestigegründen, mit der Beförderung verbunden sein wird. Der andere Grund ist Melanies Aberglaube. Sie würde sagen, daß er seine Beförderung gefährde, wenn er sich schon jetzt so intensiv mit der Einrichtungsfrage beschäftige.

Bis und mit Stufe »Mittlere Kader III« sind die Einrichtungsprogramme vorgegeben. Bei »Mittlere Kader II« bekommt man eine Alternative, bei »Mittlere Kader I« die Wahl zwischen drei Linien. Aber ab »Obere Kader III« erhält die Führungskraft ein Budget zugesprochen. Und innerhalb desselben freie Hand.

Knecht hat sich schon vor einiger Zeit am Rande eines unbegleiteten samstäglichen Ausflugs ins Gartencenter mit Prospektmaterial eingedeckt. Ein verständnisvoller Einrichtungsberater hatte ihn durch stille unterirdische Ausstellungsräume geführt und ihm ein paar passende Objekte gezeigt, nachdem ihm Knecht seine Vorstellungen (»ruhig etwas repräsentativ«) und sein Budget (»etwa 25 000 Franken«) mitgeteilt hatte. Er war der erste Mensch, mit dem Knecht offen über diejenigen Aspekte einer Büroeinrichtung sprechen konnte, die nun einmal über das rein Funktionale hinausgehen. Er nahm unverkrampft Wörter wie »Chefzimmer«, »obere Benutzerebene« und »Repräsentationslevel« in den Mund und überraschte und bestätigte Knecht mit der Einsicht, daß ein Büro letztlich nichts anderes sei als eine Art, sich auszudrücken. Wie die Kleidung.

Knecht, der sich an jenem Samstagnachmittag angesichts seines gemischten Programms in einem offenen Buttondown ohne Krawatte, aber mit sportlichem Veston ausdrücke, hatte seinen Büroberater erst kurz vor Ladenschluß verlassen. Mit einer auffälligen Tragetasche voller Entscheidungsgrundlagen, die er im Kofferraum gelassen und am Montag in der Mappe ins Büro geschmuggelt hatte. Seither studiert er sie oft und ernst bis weit nach Arbeitsschluß. Aus obigen Gründen. Und weil es nichts schaden kann, im Vorfeld der Beförderung als letzter das Haus zu verlassen.

II

Die Einrichtung des Büros ist natürlich nicht der wichtigste Aspekt einer Beförderung ins obere Kader. Gehalt, Titel, Handelsregistereintrag, Publikation, Spesenpauschale, Beletage, Business Class auf allen Flügen, Anhebung von Hotelkategorie und Hubraum des Geschäftswagens und das Visitenkärtchen mit *erhabenen* Buchstaben sind genauso wichtig. Aber man kann dabei nichts falsch machen.

Ganz anders bei der Büroeinrichtung. Knecht ist zum Beispiel überzeugt, daß der wahre Grund von Winingers Scheitern die geschweifte Messingtürklinke war, die er sich an seine Bürotür hatte montieren lassen. Eine kleine Geschmacksverirrung, eine einzige schlecht getarnte Eitelkeit, und schon wurde alles, was er tat, unter dem Aspekt beurteilt, daß er es hinter einer goldenen Türklinke tat.

Das erste, was man bei der Wahl der Büroeinrichtung falsch machen kann, ist, sie nicht wichtig zu nehmen. Das zweite ist, sich dabei erwischen zu lassen, daß man sie wichtig nimmt. Besonders in einem Stadium, in dem die Beförderung zwar so gut wie geritzt, aber noch nicht ausgesprochen ist. Deswegen studiert Knecht das Prospektmaterial im Büro nach Arbeitsschluß in Überstunden, die er auf dem Arbeitsrapport als »Administration« deklariert.

Der erste Grundsatzentscheid bei der Wahl des Chefschreibtischs lautet: Beinblende, ja oder nein? Knecht hat die Idee, dem Chef den Unterleib optisch zu kupieren, immer sehr eingeleuchtet. Es reduziert ihn auf seine Essenz: Kopf, Herz und Hand, und macht ihn dort, wo die niederen Instinkte sitzen, unangreifbar. Und, nicht zu unterschätzen, es erhöht die Exponiertheit der Vorsprechenden auf dem Besucherstuhl (über den er später entscheiden wird). Und dann hat die Beinblende noch einen Vorzug, auf den er erst nach längerem Studium der Entscheidungsgrundlagen gekommen ist: Weil sie verhindert, daß man an der dem Chef abgewandten Seite die Beine unter den Schreibtisch kriegt, erzwingt sie praktisch die Besucherkonsole, wie er die schmale, zusätzliche Tischplatte an der Schreibtischfront nennt, an der Untergebene Anweisungen notieren und Sekretärinnen Diktate aufnehmen können.

Dieses Katzentischchen am Kommandopult hat den Vorteil, daß es eine gewisse Maßstäblichkeit ins Gesamtbild bringt, wie das Streichholz neben dem Sandfloh. Knecht neigt in seinen ersten abendlichen

Evaluationssitzungen sehr zum Chefpult mit Beinblende und Besucherkonsole, denn dadurch, daß es die Hierarchie schon eingebaut hat, erlaubt es dem Besitzer ein viel jovialeres Auftreten.

Es hat aber auch Nachteile: eine gewisse Behäbigkeit, eine etwas konservative Note, vor allem bei der Eschenkombination in warmen Cognac-Farben.

Weil er als Einsteiger ins obere Kader aber eher Dynamik und Progressivität ausdrücken sollte, befaßt er sich in späteren Überstunden mehr und mehr mit den modernen Lösungsansätzen. Mit Systemen, die den Menschen in den Mittelpunkt stellen (als ob nicht gerade dieser nach Beinblende und Besucherkonsole lechzte). Und mit Designern, denen der Raum ebenso wichtig ist wie der einzelne Arbeitsplatz und für die das Büromöbel nicht Statussymbol und Reviermarke, sondern architektonisches Element zur Strukturierung von Räumen ist.

Ein weites Feld. Zwei Wochen vor der eigentlichen Beförderung hat Knecht noch nicht einmal die Schreibtischentscheidung getroffen.

Und der ganze Komplex »Repräsentanz und Ergonomie des Sitzens am Arbeitsplatz der Führungsebene« liegt noch vor ihm.

III

Nach achtunddreißig als »administrativ« verbuchten Überstunden hat Knecht sich entschieden. Gegen die Beinblende, gegen die Besucherkonsole, gegen alles vulgär Statussymbolische, für das Kultiviert-ästhetisch-Funktionale. Achtunddreißig Stunden intensivster Beschäftigung mit der Problematik des Arbeitsplatzes der Führungsebene haben ihn zum Experten auch auf diesem Gebiet gemacht.

Er weiß jetzt alles über durchschlaufungsfreie Kabelführung, stufenlose Höhen- und Neigungsverstellung, Verkettungselemente, Raumtrennelemente, Beistellschränke und Unterstellkorpusse. Er hat sich so sachkundig gemacht, daß er seine Entscheidung aufgrund technischer Gesichtspunkte und praktischer Erwägungen treffen konnte. Und mit Hilfe systematischer Situationssimulationen:

Er stellte sich zum Beispiel vor, wie er hinter dem ZK 5000 DL sitzt (Schwergewicht: diskrete Eleganz und wohnliche Ambiance), bei dem der Zugang zum Kabelkanal der Verkettungselemente durch Anheben und Einrasten der Platte erfolgt. Es klopft, und Heimann kommt herein. Heimann, der im Kampf um die Beförderung den kürzeren gezogen haben wird, Heimann, der immer noch in seinem Standardbüro »Mittlere Kader I« sitzen und sich jedes Mal in den Arsch beißen wird, wenn er Knechts »Obere-Kader-III«-Büro sieht. »Ach, Heimann«, würde er sagen, wenn er endlich von seinem vertraulichen (nur für obere Kader!) Papier aufblickt, »nehmen Sie doch Platz.« Und Heimann müßte sich vor der Beinblende an das Konsölchen zwängen, das knapp Platz für ein Telefon-Memo bietet.

Oder er stellte sich vor, wie er am Bildschirmeckelement seines Stilo-com-Chefbüros Esche Cognac mit Organisationsschiene sitzt. Es klopft, und Heimann kommt herein. »Ach, Heimann«, würde er sagen,

»nehmen Sie doch Platz.« Und Heimann müßte sich an den abgelegenen Besprechungstischanbau setzen und warten, bis Knecht aus dem nur für obere Kader zugänglichen File im Netzwerk ausgestiegen ist.

Viele solcher Szenarien hat er durchsimuliert. Zum überzeugendsten wuchs im Laufe der Zeit das folgende heran: Knecht sitzt an der freien Arbeitsfläche seines Metropol, Schweizer Birnbaum-Furnier, naturhell gebeizt und lackiert. Bildschirm, Telefon und Arbeitsunterlagen alle auf Ablagen und Regalen über dem Haupttisch untergebracht. Es klopft, und Heimann kommt herein. »Ach, Heimann«, würde er sagen und den angedockten Besprechungstisch so weit ausschwenken, daß Heimann an die äußerste Peripherie seines Machtzentrums zu sitzen kommt, »nehmen Sie doch Platz.« Dann würde er auf den Doppel-Lenkrollen seines Trilax, der dem natürlichen Bewegungsablauf beim entspannten Sitzen absolut synchron folgt und mit seinen drei Drehpunkten den Körper in jeder Position ergonomisch richtig abstützt, elegant an das dreischichtig verleimte Edelholzprofil der Besprechungstischkante gleiten und sagen: »Fassen Sie sich kurz.«

Während Knecht so die letzten Detailentscheidungen für die Einrichtung seines Büros nach der Beförderung trifft, fährt unten der Mercedes von Abderhalden, Delegierter des Verwaltungsrates, aus der Tiefgarage.

»Wer hat denn dort noch Licht?«

»Knecht, der arbeitet in letzter Zeit immer so lange«, antwortet Dönni, Personalchef.

»Ist der nicht als Direktor im Gespräch?«

Dönni nickt.

»Und benötigt schon als Vizedirektor Überstunden.« Abderhalden schüttelt den Kopf. »Haben wir eine Alternative?«

»Heimann«, antwortet Dönni.

MÄRCHEN NACH DEN BRÜDERN GRIMM

Die geschenkte Zeit

Endlich war die Welt fertig. Nun musste Gott nur noch die Lebenszeit der Geschöpfe bestimmen. Dreißig Jahre dachte er sich für den Esel. »So lange will ich nicht leben«, beschwerte dieser sich. »Lasten tragen, Kornsäcke schleppen, im Kreis gehen – erlass mir einen Teil der Zeit!« Und Gott schenkte ihm zwanzig Jahre. Kam der Hund. Dreißig Jahre waren auch diesem zu viel: »Bedenke, was ich laufen muss, meine Beine halten das nicht aus, und wenn ich nicht mehr bellen und beißen kann, verliert sich die Freude am Leben von selbst.« Gott fand, dass er recht hatte, und kürzte seine Zeit um achtzehn Jahre. Dann kam der Affe. »Du aber wirst doch gerne dreißig Jahre leben wollen?«, sprach Gott zu ihm. »Du brauchst nicht zu arbeiten wie Esel und Hund und bist immer guter Dinge.« – »Das täuscht durchaus«, meinte der Affe, »immer muss ich Grimassen schneiden, auch wenn ich keine Lust dazu habe, und wirft man mir einen

Apfel zu, so ist's ein saurer. Denn man hält mich für dumm. Dreißig Jahre halte ich das nicht aus.« Gott war gnädig und schenkte ihm zwölf.

Schließlich kam der Mensch, war froh und gesund und fand: »Welch kurze Zeit, nur dreißig Jahre soll ich leben! Wenn ich endlich Haus und Hof mein Eigen nennen kann und eine Familie habe, dann soll ich schon gehen. Bitte verlängere mir meine Zeit.« – »Ich will dir die zwanzig Jahre des Esels zulegen«, sagte Gott. »Das ist nicht genug«, erwiderte der Mensch. – »Du sollst auch die achtzehn Jahre des Hundes bekommen.« – »Immer noch zu wenig.« – »Nun denn«, sagte Gott nach einigem Zögern, »dann sollst du auch noch die zwölf Jahre des Affen haben.«

Also lebt der Mensch: die ersten Jahre sind seine besten, dann kommen die Jahre des Esels, da werden Pflichten aufgebuckelt und Lasten auferlegt. Kleine und große Wehwehchen bescheren die Jahre des Hundes. Die Jahre des Affen aber machen den Beschluss.

RICHARD VON VOLKMANN-LEANDER

Die Alte-Weiber-Mühle

Bei Apolda in Thüringen liegt die Alte-Weiber-Mühle. Sie sieht ungefähr aus wie eine große Kaffeemühle, nur daß nicht oben gedreht wird, sondern unten. Unten stehen nämlich zwei große Balken heraus, die von zwei Knechten angefaßt werden, um mit ihnen die Mühle zu drehen. Oben werden die alten Weiber hineingetan: faltig und bucklig, ohne Haare und Zähne, und unten kommen sie jung wieder heraus: schmuck und rotbackig wie die Borstäpfel. Mit einem Male Umdrehen ist's gemacht; knack und krach geht es, daß es einem durch Mark und Bein fährt. Wenn man dann aber die, welche herauskommen und wieder jung geworden sind, fragt, ob es nicht erschrecklich weh tue, antworten sie: »Lieber gar! Wunderschön ist es! Ungefähr so, wie man früh aufwacht, gut ausgeschlafen hat und die Sonne ins Zimmer scheint und draußen singen die Vögel, und die Bäume rauschen, und man sich dann noch einmal im Bett ordentlich dehnt und reckt. Da knackt's auch zuweilen.«

Sehr weit von Apolda wohnte einmal eine alte Frau; die hatte auch davon gehört. Da sie nun sehr gern jung gewesen war, entschloß sie sich eines Tages kurz und machte sich auf den Weg. Es ging zwar langsam; sie mußte oft stehenbleiben und husten, aber mit der Zeit kam sie vorwärts, und endlich langte sie richtig vor der Mühle an.

»Ich möchte wieder jung werden und mich ummahlen lassen«, sagte sie zu einem der Knechte, der, die Hände in den Hosentaschen, vor der Mühle auf der Bank saß und aus seiner Pfeife Ringel in die blaue Luft blies. »Du lieber Gott, was das Apolda weit ist!«

»Wie heißt Ihr denn?« fragte der Knecht gähnend.

»Die alte Mutter Klapprothen!«

»Setzt Euch solange auf die Bank, Mutter Klapprothen«, sagte der Knecht, ging in die Mühle, schlug ein großes Buch auf und kam mit einem langen Zettel wieder heraus.

»Ist wohl die Rechnung, mein Jüngelchen?« fragte die Alte.

»I bewahre!« erwiderte der Knecht. »Das Ummahlen kostet nichts. Aber Ihr müßt zuvor das hier unterschreiben!«

»Unterschreiben?« wiederholte die alte Frau. »Wohl meine arme Seele dem Teufel verschreiben? Nein! das tue ich nicht! Ich bin eine fromme Frau und hoffe, einmal in den Himmel zu kommen.«

»Ist nicht so schlimm!« lachte der Knecht. »Auf dem Zettel stehen bloß alle Torheiten verzeichnet, die Ihr in Eurem ganzen Leben begangen habt, und zwar ganz genau der Reihe nach, mit Zeit und Stunde. Ehe Ihr Euch ummahlen laßt, müßt Ihr Euch verpflichten, wenn Ihr nun wieder jung geworden seid, alle die Torheiten noch einmal zu machen, und zwar ganz genau in derselben Reihenfolge; justement wie's auf dem Zettel steht!«

Darauf besah er den Zettel und sagte schmunzelnd: »Freilich ein bißchen viel, Mutter Klapprothen, ein bißchen viel! Vom sechzehnten bis zum sechsundzwanzigsten Lebensjahre täglich eine, sonntags zwei. Nachher wird's besser. Aber im Anfang der Vierziger, der Tausend, da kommt's noch einmal dicke! Zuletzt ist's wie gewöhnlich!«

Da seufzte die Alte und sagte: »Aber Kinder, dann lohnt es ja gar nicht, sich ummahlen zu lassen!«

»Freilich, freilich«, entgegnete der Knecht, »für die meisten lohnt sich's nicht! Drum haben wir eben gute

Zeit; sieben Feiertage in der Woche und die Mühle steht immer still, zumal seit den letzten Jahren. Früher war schon das Geschäft etwas lebhafter.«

»Ist es denn nicht möglich, wenigstens etwas auf dem Zettel auszustreichen?« fragte die Alte noch einmal und streichelte dem Knechte die Backen. »Bloß drei Sachen, mein Jüngelchen, alles andere will ich, wenn es denn einmal sein muß, noch einmal machen.«

»Nein«, antwortete der Knecht, »das ist platterdings unmöglich. Entweder – oder!«

»Nehmt nur Euern Zettel wieder«, sagte darauf die alte Frau nach einigem Besinnen, »ich habe die Lust an Euerer dummen, alten Mühle verloren!« und machte sich wieder auf den Heimweg.

MANFRED ROMMEL

Glücklich ist, wer vergisst – zumindest manchmal

Was ist Vergesslichkeit? Ein Leiden? Nicht immer. Es kommt darauf an, was vergessen wird. Wer etwas Falsches, das er für richtig gehalten hat, vergisst, kommt der Wahrheit näher. Wer aber vergisst, dass etwas falsch war, läuft Gefahr, den Fehler zu wiederholen. Wer Unwichtiges vergisst, entlastet sein Gehirn und kann dieses für Dinge von Bedeutung einsetzen, etwa um herauszufinden, wo der Hausschlüssel ist oder die Brille. Aber was ist wichtig, was unwichtig? Da gibt es keine einheitliche Antwort. Manche leiden darunter, dass sie sich keine Witze merken können, andere merken sie sich und erzählen zu viele oder winken gelangweilt ab, wenn einer erzählt wird. Ist der Witz längere Zeit vergessen gewesen und taucht er wieder auf, wirkt er plötzlich wie neu.

Grundsätzliche Erfahrungen zu vergessen ist kaum möglich. Irgendwie bleiben sie im Bewusstsein. Wer von uns Alten erinnert sich denn nicht mehr an den Krieg und das Dritte Reich? Die Erinnerung an solche Erfahrungen sind schmerzlich, aber diese bitteren Erfahrungen haben uns geprägt und machen einen Teil unseres Wesens aus. Alte Menschen leiden unter Vergesslichkeit, weil die Hirnzellen nicht mehr so funktionieren, wie sie sollten. Junge Menschen neigen zur Vergesslichkeit, weil sie an andere Dinge denken als an das, was sie sich merken sollten. Aber ihnen kann wenigstens geholfen werden. Sie brauchen einen elektronischen Apparat, der sie nicht nur daran erinnert, wann Mutter Geburtstag hat und wann der Unterricht ausfällt, sondern der im Bedarfsfall via Internet das fehlende Wissen besorgt.

Mit wachsendem Lebensalter versagt diese technische Hilfe gegen Gedächtnislücken. Die Vergesslichkeit wird schicksalhaft. Da die Computerindustrie möglichst viele Informationen auf möglichst engem Raum anbietet, gerät die Tastatur oft so klein, dass sie nur mit einer Lupe gelesen und nur mit sehr beweglichen Fingern bedient werden kann. Deshalb können die meisten Älteren viele Wunderwerke der Elektronik nicht mehr nutzen. Sie müssen sich mit den alten

Tricks begnügen, um mit der Vergesslichkeit zurechtzukommen. Die wichtigsten unter ihnen sind erstens so genannte Eselsbrücken, die mit gutem Grund so genannt werden, weil sie oft nicht ans rettende Ufer, sondern in die Irre führen. Zweitens ist dies die Undeutlichkeit der eigenen Sprechweise in Fällen, in denen man in Ruhe gelassen werden will. Wer ein paar Mal undeutliche Antworten gegeben hat, bleibt in der Regel vor Leuten geschützt, die auf ihn einreden. Diese Undeutlichkeit stellt sich mit zunehmendem Alter von selber ein, kann aber durch zielstrebiges Training erheblich vergrößert werden. Wer im Rufe steht, nichts mehr so richtig mitzubekommen, wird zwar weniger belästigt, sollte aber dafür sorgen, dass sein geistiger Zustand besser ist als der Eindruck, den er macht. Vergesslichkeit hat jedenfalls auch Vorteile, wenn sie auch nicht so anschaulich sind wie in jenem schwäbischen Behindertenwitz, den zu erzählen ich berechtigt bin, weil ich selber Parkinson habe. Zwei Freunde reden über Krankheiten. Einer fragt, was besser sei, Parkinson oder Alzheimer? Der andere antwortet: »Alzheimer. Bei Parkinson verschütte ich alles, bei Alzheimer vergesse ich nur zu zahlen.«

Ich habe schon in jungen Jahren Namen vergessen. Sie sind mir, wenn ich sie brauchte, nicht eingefallen, um eine halbe Stunde später ungefragt wieder aufzutauchen. Dann hilft nur, den fehlenden Namen oder Begriff zu umschreiben. Auf keinen Fall darf man zugeben, dass man einen Namen nicht kennt. »Unser hoch geschätzter Gastgeber« oder unser »verstorbener Freund« überbrücken die Gedächtnislücke. Bei historischen Persönlichkeiten reicht es meist, von »jenem großen deutschen Staatsmann« zu reden. Sie können hinzufügen »den wir alle kennen«, um sicher zu sein, dass keine Nachfragen kommen. Bedauerlich ist, dass bei uns die das Gedächtnis entlastende Anrede »Gnädige Frau« aus der Mode kommt. Das ist ein Fehler. Bei Männern ist die Anrede mit Titeln und Amtsbezeichnungen möglich, aber wegen deren Vielfalt nicht risikofrei.

Verlassen Sie sich nicht auf spontane Auskünfte von Nachbarn, Kollegen und Mitarbeitern. Diese sind auf Ihre Frage nicht gefasst, vergessen vor Schreck sofort, was sie sonst wissen, und geben Ihnen eine falsche Auskunft. Im Notfall ist es klüger, Wissenslücken und heikle Passagen durch so genanntes Murmeln und Nuscheln zu überbrücken. Das Murmeln kann vor allem jenen nützen, denen die schauspielerische Begabung fehlt, einen Hustenanfall vorzutäuschen. Versuche, Fehler zu korrigieren, während sie gemacht werden, schlagen meistens fehl. In der Kaiserzeit fragte ein alter Herr einen Altersgenossen: »Wie jeht's denn der verehrten Gattin?« Da fiel ihm ein, dass diese schon längst verstorben war, und er fügte schnell hinzu: »Ruht wohl immer noch auf demselben Friedhof?« Am besten ist es, man akzeptiert das Alter, die Behinderungen und die Vergesslichkeit. Was bleibt einem auch anderes übrig?

PETER ALTENBERG

Volksgarten

Merkwürdig, es ist gar nicht wahr, daß die Kinder ihre Eltern, ihre Gouvernanten besonders schätzen und an ihnen besonders hängen. Vor allem will jedes Kind nur *beweisen*, daß es besser Reifen schlägt, Diabolo auffängt, Ball spielt als das *andere* Kind. Es ist wie in einer römischen Arena, wo jeder sich auszuzeichnen sich bemüht, nur nicht so blutig und lebensgefährlich. Aber eigentlich ist es *überall* ebenso. »*Du* kannst nichts, aber ich kann es!« Das ist das Um und Auf. »Diabolo muß man so spielen, ja glaubst du, Gans, daß das so leicht ist, du wirst Diabolo *nie* erlernen, da kann man dir noch so schöne Diabolos zum Geburtstag oder zu Weihnachten schenken!« »Meine Liebe«, denkt sie natürlich nur *kindlich unbewußt*, aber *deshalb* eben doch ganz richtig, »meine Liebe, du wirst nie, nie, nie das *Diabolo* erlernen, ich nehme es dir nicht übel, Mäderl, du hast ja alle Behelfe dazu, aber richtig, *von selbst* spielen wirst du es *nie, nie, nie!*« So wie gewisse sehr korrekte Politiker nie, nie, nie etwas ausrichten werden, nämlich *Besonderes*, sie werden auch nie richtig, *unbewußt*, Diabolo spielen, sondern scheinbar gelehrt, aber in Wirklichkeit schäbig dilettantisch! Diabolo ist eben diabolisch, das kann man nicht erlernen, das muß man mitbekommen haben vom Schicksal!

Kinder spielen im Volksgarten Diabolo. Niemand findet etwas Besonderes daran. Einige spielen es gut, einige ganz erbärmlich. Welche Bedeutung hat das kindliche Diabolospiel? Daß es im ganzen ernstlichen Leben ebenso und gar nicht anders vorgeht! Der Anmutigste sollte sogleich über alle siegen! Aber niemand hat Achtung vor diesen geheimnisvollen Fähigkeiten! Derjenige siegt, der genug *»laute Freunde«* hat, die, indem sie für *ihn* sind, *sich selbst* dadurch in Szene setzen!!! *Do ut des!*

HANSJÖRG SCHNEIDER

Der Mann im Garten

Es ist eine Stunde vor Mittag. Die Sonnenstrahlen fallen schräg auf das Trottoir. Die Straßenseite gegenüber liegt noch im Schatten.

Der Antiquar hat eine Kommode vor seinen Laden gestellt. Er hat sie abgelaugt, jetzt trocknet sie an der Sonne. Die Schubladen sind steil an die Mauer gelehnt, das Tannenholz leuchtet im Licht.

Die Tür der Wirtschaft an der Ecke steht offen, der Wirt will die Sonnenwärme hereinlassen. Drinnen ist es dunkel, Rauch hängt in der Luft. Am Stammtisch rechts sitzen drei Männer. Zwei trinken Bier, der dritte hat eine Kaffeetasse vor sich stehen. Es sind Handwerker. Sie können sich die Arbeitszeit selber einteilen. Im Moment haben sie sich nichts zu erzählen, sie schweigen.

Die Tische sind bereits gedeckt. In einer Stunde

wird es hier voll sein. Die Frau, die hinter dem Schanktisch Gläser spült, wird gefüllte Teller vor die sitzenden Männer stellen, und man wird laut reden müssen, wenn man sich Gehör verschaffen will.

Ich bestelle Milchkaffee, ziehe die zusammengerollte Zeitung aus dem Tresen und gehe durch den Wirtsraum in den Garten hinaus. Unter den Kastanienbäumen stehen rote Tische. Ich setze mich und schlage die Sportseite auf. Aarau hat im Halbfinale gewonnen, das will ich nachlesen.

Am Tisch nebenan sitzt ein alter Mann. Ich kenne ihn vom Sehen. Er trinkt jeden Morgen um diese Zeit einen Zweier Roten. Wir haben noch nie zusammen geredet. Ich habe auch noch nie erlebt, daß er mit jemand anderem ein Gespräch geführt hätte. Offenbar ist er scheu.

Jetzt aber merke ich, wie er sich entschließt, etwas zu sagen. Er macht sich Mut, das spüre ich, ohne aufzuschauen. Es muß dieser warme Maimorgen sein, der ihn zum Reden bringt. Entschuldigung, sagt er, und ich schaue ihn an. Ich will nicht stören, sagt er, aber Aarau hat doch 3 zu 1 gewonnen. Stimmt, sage ich, es ist eine Teilaufzeichnung davon im Fernsehen gezeigt worden, gegen 23 Uhr. Das ist für mich zu spät, sagt er, um diese Zeit ist der Karli schon im Bett.

Er scheint dauernd vor sich hinzulachen, aber in Wahrheit lacht er nicht. Es ist sein künstliches Gebiß, das seinem Gesicht diesen verblödeten Ausdruck gibt. Er trägt ein weißes Hemd mit Krawatte, und seine schwarzen Schuhe sind tadellos geputzt.

Entschuldigung, sagt er, aber die Zeitung habe ich

schon gelesen. Ich lese sie immer beim Frühstück. Ich sitze am Tisch. Rechts steht die Kaffeetasse, links liegt die Zeitung. Das ist mein Morgenessen. Deshalb weiß ich auch, wer gewonnen hat.

Ich schaue in die Kastanienbäume hinauf. Der Himmel ist kaum mehr zu sehen. Die Blätter haben sich noch nicht ganz entfaltet. Aber die Blütenkränze stehen senkrecht empor.

Gestern kam kurz nach acht ein Krimi, sagt der alte Mann. Ich habe zugeschaut, bis sie ihn erwischt haben. Dann habe ich ausgeschaltet und bin schlafen gegangen. Aber lesen Sie nur weiter, ich will nicht stören.

Sie stören nicht, sage ich, reden Sie nur weiter. Doch, doch, sagt er, ich störe. Aber am Nachmittag bin ich dann wieder ruhig. Er wartet und schaut mich an. Wissen Sie, fährt er weiter, ich kann nicht mehr bis mitten in die Nacht aufbleiben. In meinem Alter geht man gern früh ins Bett.

Diesen Satz findet er komisch. Er lacht über das ganze Gesicht, es schüttelt ihn richtig, und ich lache mit.

Ja, ja, sagt er dann, so ist das. Wir schweigen beide. Lesen Sie nur weiter, sagt er nach einer Weile, man muß schließlich wissen, was geschieht.

Wer zu viel will, geht leer aus

Es ist schon furchtbar lange her, da ritt ein Kaufmann nach Frankfurt zur Messe und verlor auf dem Weg dorthin seinen Geldbeutel mit achthundert Gulden. Ein armer Zimmermann fand diesen und trug ihn nach Haus. Am nächsten Tag, der ein Sonntag war, verkündigte der Pastor von der Kanzel: es seien achthundert Gulden verloren worden, dem ehrlichen Finder würden hundert Gulden winken. »Ach«, sprach die Frau des Zimmermanns, »hätten wir doch bloß den Beutel gefunden, dann wären uns jetzt ganze hundert Gulden gewiss!« – Darauf bekannte ihr Mann seinen Fund, und er machte sich auf und brachte dem Pastor den Geldbeutel mit seinem ganzen Inhalt. Da war der Kaufmann froh, und nachdem er sein Geld gezählt hatte, warf er dem Zimmermann fünf Gulden hin und sprach zu ihm: »Die fünf Gulden schenke ich dir, du hast dir schon hundert Gulden genommen und dich selbst belohnt, es sind ja neunhundert Gulden gewesen.« Das aber stritt der Zimmermann mit aller Macht ab und brachte schließlich, da beide sich nicht einigen konnten, den Fall vor Gericht. Nach manchem Gerichtstag wurde endlich der Tag der Urteilsverkündung festgesetzt. Man erschien vor Gericht, und der Kaufmann wurde befragt, ob er bereit wäre zu schwören, dass er wirklich neunhundert Gulden verloren hätte. Was dieser ohne Zögern mit »Ja« beantwortete und entsprechend beschwor. Und einen Schwur – um die gefundenen achthundert Gulden – musste dann auch der Zimmermann leisten. Daraufhin befand das Gericht, dass beide recht geschworen hätten: der, der die neunhundert Gulden verloren, und der, der die achthundert gefunden hätte. Entsprechend dürfe der Zimmermann das Geld des Beutels so lange verbrauchen, bis einer käme und meldete, er hätte achthundert Gulden verloren. Der Kaufmann aber solle jemanden suchen, der neunhundert Gulden gefunden hätte, denn des Zimmermanns Geldbeutel könne niemals der seinige sein.

Wille fürs Werk

Beichtet einer, wie er vorgehabt, jemanden zu erschlagen, hatte es aber dann doch nicht getan. »Für einen Totschlag musst du nach Rom pilgern oder mir vier Gulden geben, damit ich dich von deinen Sünden losspreche«, sagte der Beichtvater.

»Aber ich habe doch niemanden umgebracht«, gab der reuige Sünder zu bedenken, »ich hab es doch bloß vorgehabt.« – »Gott nimmt allseits den Willen fürs Werk«, versetzte sein Beichtvater unnachgiebig.

»Wenn es denn nicht anders geht, so will ich die vier Gulden wohl zahlen.«

Darauf sprach der Beichtvater ihn von allen Sünden frei, hielt aber vergeblich die Hand auf, das Geld entgegenzunehmen.

»Nehmt ebenfalls den Willen fürs Werk«, lachte der nunmehr Sündenfreie, »ich hatte wirklich vor, euch die vier Gulden zu geben …«

GÜNTER BRUNO FUCHS

Ein Abreißkalender sagt was

Jeden Morgen kommt einer daher. Einer streckt jeden Morgen seine Hand nach mir aus. Die Hand, wenn sie nach mir ausgestreckt wird, besteht aus dem Daumen und dem Zeigefinger. Die anderen Finger sind auch an der Hand, aber sie kenne ich nicht. Ich kenne den Daumen und den Zeigefinger, mit denen einer daherkommt, eins meiner Blätter greift und abreißt. Ich bin dann älter als gestern. Aber ich hänge an meinen Blättern, und meine Blätter hängen an mir. Wir haben uns gegenseitig lieb. Das könnte so bleiben, wenn nicht jeden Morgen einer daherkäme mit dem Daumen und dem Zeigefinger, um eins meiner Blätter, die ich nicht wiedersehe, abzureißen. Jetzt hat das Jahr begonnen, schon fehlen ein paar meiner Blätter. Auf jedem Blatt, auf jeder Rückseite eines Blattes, steht eine kurze Geschichte zum Vorlesen. Auf meinem Blatt vom 14. April steht die Geschichte:

»Regenwürmer sind nützlich. Sie lockern den Erdboden auf, sie bauen Gänge im Erdboden. In einem mittelgroßen Feld leben tausende von Regenwürmern. Sie arbeiten unermüdlich und bewegen in einem Jahr viele hundert Zentner Erde.« Ich möchte einen Regenwurm besuchen. Jeden Morgen, wenn der Regenwurm seine Arbeit beginnt, werde ich älter, verliere Blatt um Blatt. Ich möchte arbeiten.

Verzeichnis der Autoren und Druckvorlagen

Mit einem Sternchen versehene Seitenzahlen weisen auf Titel hin, die von der Herausgeberin formuliert oder dem zitierten Text entnommen wurden. Texte ohne Verfasserangabe finden sich hier unter »Anonym«.

PETER ALTENBERG (d. i. Richard Engländer; 1859–1919)
180 Das große Peter Altenberg Buch. Hrsg. und mit einem Nachw. von Werner J. Schweiger. Wien/Hamburg: Zsolnay, 1977.

ANONYM
44, 172 Märchen nach den Brüdern Grimm. Neu nacherzählt von Stephan Koranyi.
57 Altchinesische Fabeln. Aus dem Chines. Übertr. von Käthe Zhao und Senta Lewin. Nachw. von Eva Müller. Leipzig: Reclam, [3]1968.
117, 184, 185 Johannes Pauli: Schimpf und Ernst (1522). Neu nacherzählt von Stephan Koranyi.
119 Drei Geschichten von Nasreddin Hodscha aus der alten Türkei. Neu erzählt von Yvonne Fischer. – Mit Genehmigung von Yvonne Fischer, Heimerdingen.
122 F. C. Weiskopf: Anekdotenbeispiele. In: Neue Deutsche Literatur 2 (1955). [Wird Gotthold Ephraim Lessing zugeschrieben.] Neu nacherzählt von Stephan Koranyi.

PETER BICHSEL (geb. 1935)
53 P. B.: Kolumnen, Kolumnen. Frankfurt a. M.: Suhrkamp, 2005. – © Suhrkamp Verlag Frankfurt am Main 2005.

GODFRIED BOMANS (1913–1971)
36 G. B.: Die Prinzessin mit den Sommersprossen. Märchen. [Aus dem Niederl. übers., neu durchges. und überarb. von J. Silzer.] Stuttgart: Urachhaus, 2000. – © 2000 Verlag Freies Geistesleben & Urachhaus GmbH, Stuttgart.

IRENE DIKKERS (geb. 1924)
134 I. D.: Mama wird's schon richten. Heitere Familiengeschichten, aufgezeichnet von einer Mutter, die sich nie unterkriegen läßt. Bern/München: Scherz, 1985. – Mit Genehmigung der Liepmann AG, Zürich.

FRITZ ECKENGA (geb. 1955)
152 F. E.: Du bist Deutschland? Ich bin einkaufen. Geschichten und Gedichte. Berlin: Bittermann, 2006. (Edition Tiamat. Critica Diabolis. 132.) – © 2006 Edition Tiamat Klaus Bittermann, Berlin.

HARTMUT EL KURDI (geb. 1964)
46 H. E. K.: Mein Leben als Teilzeit-Flaneur. Berlin: Bittermann, 2001. (Edition Tiamat. Critica Diabolis. 101.) – © 2001 Edition Tiamat Klaus Bittermann, Berlin.

PETER FRANKENFELD (1913–1979)
26 P. F.: Humor ist Trumpf. Heitere Geschichten. Hrsg. von Lonny Kellner-Frankenfeld. München/Berlin: Herbig, 2000. – © 1980 by F. A. Herbig Verlagsbuchhandlung GmbH, München.

GÜNTER BRUNO FUCHS (1928–1977)
186 G. B. F.: Werke in drei Bänden. Hrsg. von Wilfried Ihrig. Bd. 2: Gedichte und kleine Prosa. München/Wien: Hanser, 1992. – © 1992 Carl Hanser Verlag, München und Wien.

RENÉ GOSCINNY (1926–1977)
85 Der kleine Nick und die Mädchen. Siebzehn prima Geschichten vom kleinen Nick und seinen Freunden. Aus dem Frz. von Hans-Georg Lenzen. Zürich: Diogenes, 2006. – Copyright der deutschsprachigen Ausgabe © 2006 Diogenes Verlag AG Zürich.

DILEK GÜNGÖR (geb. 1972)
23 Stuttgarter Zeitung. 20. Mai 2006. Wochenendbeilage. Rubrik »Meine Familie«. – Mit Genehmigung von Dilek Güngör, Berlin.

AXEL HACKE (geb. 1956)
13 A. H.: Das Beste aus meinem Leben. Münchner Freiheit. In: Süddeutsche Zeitung. 13. April 2006. – © Axel Hacke, »Das Beste aus meinem Leben«, SZ-Magazin Nr. 15, 13.4.2006. Mit Genehmigung des Verlags Antje Kunstmann, München.

O. HENRY (d. i. William Sydney Porter; 1862–1910)
107 O. H.: Hinter der grünen Tür. Erzählungen. Aus dem Amerik. von Karin Rupé. München: List, 1955. –

FRANZ HOHLER (geb. 1943)
77 F. H.: Der Granitblock im Kino und andere Geschichten. Mit Zeichnungen von Matthias Berthold. Ravensburg: Ravensburger Buchverlag Otto Maier, 1993. – Mit Genehmigung von Franz Hohler, Zürich.
138 F. H.: Der Riese und die Erdbeerkonfitüre und andere Geschichten. Mit Bildern von Nikolaus Heidelbach. Ravensburg: Ravensburger Buchverlag, 1993. – Mit Genehmigung von Franz Hohler, Zürich.

ERICH KÄSTNER (1899–1974)
9 E. K.: Gesammelte Schriften in 7 Bänden. Bd. 5: Vermischte Beiträge. Zürich: Atrium Verlag, 1959. – © Atrium Verlag, Zürich.

HEINRICH VON KLEIST (1777–1811)
34 H. v. K.: Der Zweikampf, Die heilige Cäcilie [...] und andere Prosa. Stuttgart: Reclam, 1984 [u. ö.]. (Reclams Universal-Bibliothek. 8004.)

HELGA LEEB (geb. 1934)
91 H. L.: Die Geschichte mit Jonathan. München: Langen Müller, 1989. – © 1989 by LangenMüller in der F. A. Herbig Verlagsbuchhandlung GmbH, München.

SIEGFRIED LENZ (geb. 1926)
78 S. L.: Jäger des Spotts. Geschichten aus dieser Zeit. Hamburg: Hoffmann und Campe, 1958. – Copyright © 1958 by Hoffmann und Campe Verlag, Hamburg.

HELMUT LUDWIG (1930–1999)
133 H. L.: Das schneeweiße Beffchen. Neue heitere Geschichten rund um den Kirchturm. Konstanz: Bahn, 1987. – Mit Genehmigung von Ilse Ludwig, Niederaula.

MANFRED LÜTZ (geb. 1954)
49 M. L.: Lebenslust. Wider die Diät-Sadisten, den Gesundheitswahn und den Fitness-Kult. München: Knaur Taschenbuch Verlag, 2005. S. 234–236, 241 f. – © 2002 Pattloch Verlag GmbH & Co. KG, München.

PAUL MAAR (geb. 1937)
30 P. M.: Der Tag, an dem Tante Marga verschwand und andere Geschichten. Hamburg: Oetinger, 1986. – Mit Genehmigung von Paul Maar, Bamberg.

INGE MEIDINGER-GEISE (1923–2007)
155 I. M.-G.: Menschenmögliches. Geschichten zum Schmunzeln. Gerlingen: Bleicher, 1988.

SŁAWOMIR MROŻEK (geb. 1930)
42 S. M.: Das Leben für Anfänger. Aus dem Poln. von Christa Vogel. Zürich: Diogenes, 2010. – Copyright © 2010 Diogenes Verlag AG Zürich.

FRANZISKA POLANSKI (Geburtsdatum konnte nicht ermittelt werden)
115 Den Mutigen gehört die Welt. 20 fröhliche Geschichten ausgewählt von Brigitte Sinhuber. München: Langen Müller, [2]2003. – Mit Genehmigung von Franziska Polanski, München.

RODA RODA (d. i. Sándor Friedrich Rosenfeld; 1872–1945)
162 Rote Weste und Monokel. Das neue Roda Roda Buch. Hrsg. und ill. von Martin Traxler. Wien: Zsolnay, 1999. – © 1999 Paul Zsolnay Verlag, Wien.

JO HANNS RÖSLER (1899–1966)
102 J. H. R.: Beste Geschichten. München/Berlin: Herbig, 1972. – © 1972 by LangenMüller in der F. A. Herbig Verlagsbuchhandlung GmbH, München.

MANFRED ROMMEL (geb. 1928)
176 Stuttgarter Zeitung. 2. Mai 2006. – Mit Genehmigung von Manfred Rommel, Stuttgart.

HERBERT ROSENDORFER (geb. 1934)
140 H. R.: Die Frau seines Lebens und andere Geschichten. München: Nymphenburger, 1985. – © 1985 by nymphenburger in der F. A. Herbig Verlagsbuchhandlung GmbH, München.

SAKI (d. i. Hector Hugh Munrow; 1870–1916)
64 S.: Der störrische Ochse. Eine Sammlung seltsamer Geschichten. Hrsg. und übers. von Angelika Feilhauer. Ravensburg: Lesen und Freizeit Verlag, 1985. – Für die deutsche Übersetzung mit Genehmigung von Angelika Feilhauer, Weingarten.

123 S.: Meistererzählungen. Aus dem Engl. von Günter Eichel. Mit einem Nachw. von Thomas Bodmer und Ill. von Edward Gorey. Zürich: Diogenes, 1993. – Copyright der deutschsprachigen Ausgabe © 1993 Diogenes Verlag AG Zürich.

RAFIK SCHAMI (geb. 1946)
83 Root Leeb / R. Sch.: Die Farbe der Worte. Bilder und Geschichten. Cadolzburg: ars vivendi, 2002. – Mit Genehmigung von Rafik Schami, Marnheim.

HANSJÖRG SCHNEIDER (geb. 1938)
181 H. Sch.: Im Café und auf der Straße. Geschichten. Mit einem Nachw. von Beatrice von Matt. Zürich: Ammann, 2002. – Copyright © Diogenes Verlag AG, Zürich.

FRANZ SCHUH (geb. 1947)
39 F. Sch.: Schwere Vorwürfe, schmutzige Wäsche. Wien: Zsolnay, 2006. – © 2006 Paul Zsolnay Verlag, Wien.

MARTIN SUTER (geb. 1948)
105, 165 M. S.: Business Class. Geschichten aus der Welt des Managements. Zürich: Diogenes, 2002. – Copyright © 2002 Diogenes Verlag AG Zürich.

KURT TUCHOLSKY (1890–1935)
59 K. T.: Gesammelte Werke in 10 Bänden. Hrsg. von Mary Gerold-Tucholsky und Fritz J. Raddatz. Bd. 9. Reinbek b. Hamburg: Rowohlt, 1960.

MARK TWAIN (1835–1910)
16 Mark Twains Werke. Bd. 4: Die Million-Pfundnote und weitere 26 Geschichten von Lust und Leid. Übers. von M. Jacobi und Heinrich Conrad. Stuttgart: Lutz, 1949. [Die Orthographie wurde behutsam modernisiert.]

KARL VALENTIN (1882–1948)
159 K. V.: Sämtliche Werke in 8 Bänden. Hrsg. von Helmut Bachmaier. Bd. 1: Monologe und Soloszenen. München: Piper, 1992. – © 1992 Piper Verlag GmbH, München.

LUIS FERNANDO VERISSIMO (geb. 1936)

71 L. F. V.: Du hörst mir ja doch nie zu ... 101 Erzählungen über die Liebe und andere Mißverständnisse. Aus dem Brasilianischen von Eva Maria Amberger und Denise Dornelles Andres. München/Wien: Europa Verlag, 1999.

RICHARD VON VOLKMANN LEANDER (1830–1889)

173 R. v. V.-L.: Träumereien an französischen Kaminen. Märchen. Stuttgart: Reclam, 1973 [u. ö.]. (Reclams Universal-Bibliothek. 6091.) [Der Text wurde leicht gekürzt.]

HUGO WIENER (1904–1993)

148 H. W.: Kleine Geschenke erhalten die Feindschaft. Neue Satiren. Mit Zeichnungen von Rudolf Angerer. Wien/München: Amalthea, 1984. [Der Text wurde leicht gekürzt.] – © 1984 by Amalthea Signum Verlag, Wien.

KRYSTYNA ŻYWULSKA (1918–1988)

73 K. Z.: Zu Ehren der Familie und andere Satiren. München/Berlin: Herbig, 1988. – © 1988 by nymphenburger in der F. A. Herbig Verlagsbuchhandlung GmbH, München.